—— 乡村振兴特色优势产业培育工程丛书

中国南疆红枣产业发展蓝皮书

（2022）

中国乡村发展志愿服务促进会 组织编写

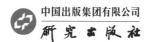

中国出版集团有限公司

研究出版社

图书在版编目 (CIP) 数据

中国南疆红枣产业发展蓝皮书（2022）/ 中国乡村发展志愿

服务促进会组织编写. —— 北京：研究出版社，2023.6

ISBN 978-7-5199-1506-3

Ⅰ.①中… Ⅱ.①中… Ⅲ.①枣－林业经济－产业发

展－研究报告－新疆 Ⅳ.①F326.274.5

中国国家版本馆CIP数据核字(2023)第094995号

出 品 人：赵卜慧
出版统筹：丁　波
责任编辑：寇颖丹
助理编辑：何雨格

中国南疆红枣产业发展蓝皮书（2022）

ZHONGGUO NANJIANG HONGZAO CHANYE FAZHAN LANPI SHU (2022)

中国乡村发展志愿服务促进会　组织编写

研究出版社 出版发行

（100006　北京市东城区灯市口大街100号华腾商务楼）

北京中科印刷有限公司印刷　　　新华书店经销

2023年6月第1版　2023年6月第1次印刷

开本：710毫米×1000毫米　1/16　印张：12.25

字数：180千字

ISBN 978-7-5199-1506-3　定价：65.00元

电话（010）64217619　64217652（发行部）

本书编写人员

主　　编：毛永民

副 主 编：王晓玲　郝　庆　李新岗　李登科　张　琼

编写人员：（按姓氏笔画排序）

马俊青　毛永民　王永康　王妮娜　王　雨

王俊芹　王晓玲　王　军　乐小凤　申连英

卢绍辉　张　琼　李新岗　李登科　周广芳

郝　庆　徐怀德　高文海　潘青华　樊丁宇

樊征征

本书评审专家
（按姓氏笔画排序）

朱大洲　沈世华　罗晓林　谢　鹏

编写说明

　　习近平总书记十分关心乡村特色优势产业的发展,作出一系列重要指示。2022年7月,习近平总书记在新疆考察时指出:"要加快经济高质量发展,培育壮大特色优势产业,增强吸纳就业能力。"2022年10月,习近平总书记在陕西考察时强调:"产业振兴是乡村振兴的重中之重,要坚持精准发力,立足特色资源,关注市场需求,发展优势产业,促进一二三产业融合发展,更多更好惠及农村农民。"2023年4月,习近平总书记在广东考察时要求:"发展特色产业是实现乡村振兴的一条重要途径,要着力做好'土特产'文章,以产业振兴促进乡村全面振兴。"党的二十大报告指出:"发展乡村特色产业,拓宽农民增收致富渠道。巩固拓展脱贫攻坚成果,增强脱贫地区和脱贫群众内生发展动力。"

　　为认真贯彻落实习近平总书记的重要指示和党的二十大精神,中国乡村发展志愿服务促进会认真总结脱贫攻坚期间产业扶贫经验,启动实施"乡村特色优势产业培育工程",选择油茶、油橄榄、核桃、杂交构树、酿酒葡萄,青藏高原青稞、牦牛,新疆南疆核桃、红枣9个特色优势产业进行重点培育。这9个产业,经过多年的发展,都具备了加快发展的基础和条件。不失时机地采取措施,促进高质量发展,不仅是必要的,而且是可行的。发展木本油料,向山地要油料,加快补齐粮棉油中"油"的短板,是国之大者。发展杂交构树,向构树要蛋白,加快补齐肉蛋奶中"奶"的短板,是国之大者。发展青藏高原青稞、牦牛和新疆南疆核桃、红枣,加快发展西北地区葡萄酒产业,是脱贫地区巩固拓展脱贫攻坚成果和实现乡村产业振兴的需要,也是增加农民特别是脱贫群众收入的重要措施。中国乡村发展志愿服务促进会将动员和聚合社会力量，通过培育重点企业、强化科技支撑、扩大市场销售、对接金融资源、发布蓝皮书等工作，服务和促进9个特色优势产业加快发展。

发布蓝皮书是培育工程的一项重要内容，也是一项新的工作，旨在普及产业知识，反映产业状况，推广良种良法，介绍全产业链开发的经验做法，营造产业发展的社会氛围，促进实现高质量发展。我们衷心希望，本丛书的出版发行，能够在这些方面尽绵薄之力。丛书编写过程中，得到了各方面的大力支持。我们诚挚感谢所有参加蓝皮书编写的人员，感谢在百忙之中参加评审的专家，感谢为丛书出版提供支持的出版社和各位编辑。由于是第一次组织特色优势产业蓝皮书的编写，缺乏相关经验和参考，加之水平有限，疏漏谬误在所难免，欢迎广大读者批评指正。

丛书编委会

2023年6月

代　序

乡村振兴特色优势产业培育工程实施方案

中国乡村发展志愿服务促进会

2022年7月11日

民族要复兴，乡村必振兴。脱贫攻坚任务胜利完成以后，"三农"工作重心历史性转到全面推进乡村振兴。为贯彻落实习近平总书记关于粮食安全的重要指示精神，落实《国家乡村振兴局 民政部关于印发〈社会组织助力乡村振兴专项行动方案〉的通知》（国乡振发〔2022〕5号）要求，中国乡村发展志愿服务促进会（以下简称促进会）认真总结脱贫攻坚期间产业扶贫经验，选择油茶、油橄榄、核桃、酿酒葡萄、杂交构树，青藏高原青稞、牦牛，新疆南疆核桃、红枣9个特色优势产业进行重点培育，编制《乡村振兴特色优势产业培育工程实施方案》（以下简称《实施方案》）。

一、总体要求

（一）指导思想

以习近平新时代中国特色社会主义思想为指导，全面贯彻习近平总书记关于"三农"工作的重要论述，立足新发展阶段，贯彻新发展理念，构建新发展格局，落实高质量发展要求。按照乡村要振兴、产业必先行的理念，坚持"大食物观"，立足不与粮争地，坚守18亿亩耕地红线，本着向山地要油料、向构树要蛋白的思路，加快补齐粮棉油中"油"的短板、肉蛋奶中"奶"的短板，持续推进乡村振兴特色优势产业培育工程。立足帮助优质农产品出村进城，不断丰富市民的"米袋子""菜篮子""果盘子""油瓶子"，鼓起脱贫地区人民群众的"钱袋子"。立足推动农业高质高效、乡村宜居宜业、农民富裕富足，为全面推进乡村振兴、加快农业农村现代化提供有力支撑。

（二）基本原则

——坚持政策引导，龙头带动。以政策支持为前提，积极为产业发展和参与企业争取政策支持。尊重市场规律，发挥市场主体作用，择优扶持龙头企业做大做强，充分发挥龙头企业的示范带动作用。

——坚持突出重点，分类实施。突出深度脱贫地区，遴选基础条件好、带动能力强的企业，进行重点培育。按照"分产业、分区域、分重点"原则，积极推进全产业链发展。

——坚持科技支撑，金融助力。加强对特色优势产业发展的科研攻关、科技赋能作用，促进科研成果及时转化。对接金融政策，促进企业不断增强研发能力、生产能力、销售能力。

——坚持行业指导，社会参与。充分发挥行业协会指导、沟通、协调、监督作用，帮助企业加快发展，实施行业规范自律。充分调动社会各方广泛参与，"各炒一盘菜，共办一桌席"，共同助力产业发展。

——坚持高质量发展，增收富民。坚持"绿水青山就是金山银山"理念，帮助企业转变生产方式，按照高质量发展要求，促进产业发展、企业增效、农民增收、生态增值。

（三）主要目标

对标对表国家"十四五"规划和2035年远景目标纲要，设定到2025年、2035年两个阶段目标。

——到2025年，布局特色优势产业培育工程，先行试点，以点带面，实现突破性进展，取得明显成效。完成9个特色优势产业种养适生区的划定，推广"良种良法", 建设一批生产基地。培育一批龙头企业、专业合作社和家庭农场等市场主体, 建立重点帮扶企业库, 发挥引领带动作用。聘请一批知名专家, 建立专家库, 做好科技支撑服务工作。培养一批生产、销售和管理人才, 增强市场主体内生动力, 促进形成联农带农富农的帮扶机制。

——到2035年, 特色优势产业培育工程形成产业规模, 实现高质量发展。品种和产品研发取得重大突破, 拥有多个高产优质品种和市场占有率高的产品。种养规模与市场需求相适应, 加工技术不断创新, 产品质量明显提升, 销售盈利能力不断拓展, 品牌影响力明显增强。拥有一批品种和产品研发专家, 一批产业发展领军人才和产业致富带头人, 一批社会化服务专业人才。市场主体发展壮大, 实现一批企业上市。联农带农富农帮扶机制更加稳固, 为共同富裕添砖加瓦, 作出积极贡献。

二、重点工作

围绕特色优势产业培育工程目标, 以"培育重点企业、建立专家库、实施消费帮、搭建资金池、发布蓝皮书"为抓手, 根据帮扶地区自然禀赋和产业基础条件, 做好五项重点工作。

(一) 培育重点企业

围绕中西部地区, 特别是三区三州和乡村振兴重点帮扶县, 按照全产业链发展的思路遴选一批产业基础好、发展潜力大、创新能力强的企业, 建立重点帮扶企业库, 作为重点进行培育。对有条件的龙头企业, 按照上市公司要求和现代企业制度, 从政策对接、金融支持、消费帮扶等方面进行重点培育, 条件成熟的推荐上市。

(二) 强化科技支撑

遴选一批品种研发、产品开发、技术推广、工艺研究等方面的专家, 建立专家库, 有针对性地对制约产业发展的"卡脖子"技术难题进行联合攻关。为企业量身研发、培育种子种苗, 用"良种良法"助力企业扩大种养规模。加强产品研发攻关, 提高产品品质和市场竞争力。充分发挥企业家在技术创新中的重要作用，鼓励企业加大研发投入，承接和转化科研单位研究成果，搞好技术设备更新改造，强化科技赋能作用。

（三）扩大市场销售

帮助企业进行帮扶产品认定认证，给帮扶地区产品提供"身份证"，引导销售。利用促进会"帮扶网""三馆一柜"等平台和载体，采取线上线下多种方式销售。通过专题研讨、案例推介等形式，开展活动营销。通过每年发布蓝皮书活动，帮助企业扩大影响，唱响品牌，进行品牌销售。

（四）对接金融资源

帮助企业对接国有金融机构、民营投资机构，引导多类资金对特色优势产业培育工程进行投资、贷款，支持发展。积极与有关产业资本合作，按照国家政策规定，推进设立特色优势产业发展基金，支持相关产业发展。利用国家有关上市绿色通道，帮扶企业上市融资。

（五）发布蓝皮书

组织专家编写分产业的特色优势产业发展蓝皮书。做好产业发展资料收集、整理、分析工作，加强国内外发展情况对比分析，在总结分析和深入研究的基础上，按照蓝皮书的基本要求组织编写，每年6月前对外发布上一年度产业发展蓝皮书。

三、保障措施

（一）组建项目组

促进会成立项目组，制定《实施方案》并组织实施。项目组动员组织专家、企业家和有关单位，分别成立9个项目工作组，制定产业发展实施方案并组织实施。做好产业发展年度总结，编写好分产业特色优势产业发展蓝皮书。

（二）争取政策支持

帮助重点龙头企业对接国家有关产业政策、产业发展项目。协调相关部门，加大帮扶工作力度，争取将脱贫地区重点龙头企业的产业发展规划纳入国家有关部门和有关地区的专项发展规划并给予支持。争取各类金融机构对重点帮扶龙头企业给予贷款、融资优惠,助力重点帮扶企业加快发展。

(三)坚持典型引领

选择一批资源禀赋好、发展潜力大、市场前景广的种养基地作为示范种养典型,选择一批加工能力精深、技术先进、效益良好的龙头企业作为产品加工示范典型,选择一批增收增效、联农带农富农机制好的市场主体作为联农带农富农典型。通过典型示范,引领特色优势产业培育工程加快发展。

(四)搞好社会动员

建立激励机制,让热心参与特色优势产业发展的单位和个人政治上有荣誉、事业上有发展、社会上受尊重、经济上有效益。加强宣传工作,充分运用电视、网络等多种媒体,加大舆论宣传推广力度,营造助力特色优势产业培育工程的良好社会氛围。招募志愿者,创造条件让志愿者积极参与特色优势产业培育工程。

(五)加强协调促进

充分利用促进会在脱贫攻坚阶段取得的产业发展经验和社会影响力,协调脱贫地区龙头企业对接产业政策,动员产业专家参与企业技术升级和产品研发,衔接金融资源帮助企业解决资金难题。发挥行业协会的积极作用,按照公开、透明、规范要求,帮助企业规范运行,自我约束,健康发展。

四、组织实施

(一)规范运行

在促进会的统一领导下,项目组和项目工作组根据职责分工,努力推进9个特色优势产业培育工程实施。项目组要根据产业特点组织制定专家库、重点帮扶企业库的建设与管理办法、产业发展培育项目管理办法,包括金融支持、消费帮扶、评估评价等办法,做好项目具体实施工作。

(二)宣传发动

以全媒体宣传为主,充分发挥新媒体优势,不断为特色优势产业培育工程实施营造良好的政策环境、舆论环境、市场环境,让企业家专心生产经营。宣传动员社会各方力量，为特色优势产业培育工程建言献策。

（三）评估评价

发动市场主体进行自我评价，通过第三方调查等办法进行社会评价。特色优势产业培育工程项目组组织有关专家、行业协会、企业代表，对9个特色优势产业发展情况、市场主体进行专项评价。在此基础上，进行评估评价，形成特色优势产业发展年度评价报告。

CONTENTS | 目录

I

第二章

南疆红枣的发展优势及意义 / 033

第四章

南疆红枣加工与利用现状 / 095

第七章

红枣产业市场情况分析 / 137

第八章

南疆红枣产业存在的主要问题和发展建议 / 155

概　述

第一节　枣的起源和栽培历史

枣（*Zizyphus jujuba* Mill.），俗称红枣、枣子、大枣，为鼠李科（Rhamnaceae）枣属（*Zizyphus* Mill.）植物，是原产我国的特有果树。

关于枣的起源地，一种观点是枣起源于中国，植物学家德堪多尔（A. de Candolle）、贝勒（E. Bretschneider）、菊池秋雄、茹考夫斯基（Zhukovsky）、哈尔金（I.R.Harlan）、俞德浚、曲泽洲等多数学者认为枣原产于中国。另一种观点是多起源说，苏联学者瓦维洛夫、日本学者星川清亲等持后一观点。还有人认为，枣的原产地至今尚不明确。由此可见，关于枣的原产地说法不一。然而，古文献记载、考古资料和现存古树等证据表明，枣起源于中国，是由酸枣演化而来的。

一、古文献记载

最早记载枣树栽培的文献是《诗经》，在《诗经·豳风·七月》（约作于公元前10世纪）中有"八月剥枣，十月获稻"的诗句。由此推测，枣在我国栽培历史悠久，至少在3000年以上。此外，《尔雅》《夏小正》，汉代的《西京杂记》，北魏的《齐民要术》，元代的《打枣谱》，明代的《本草纲目》《便民图纂》，清代的《授时通考》《植物名实图考长编》等都记载有枣。在《齐民要术》《打枣谱》《植物名实图考》中对枣的品种都有较翔实的记载，尤其是1400多年前的《齐民要术》已总结了枣的栽植时期、疏花方法、嫁接技术及红枣晒制等栽培及加工技术。

远在古代，我国枣树就有一定的栽培面积。据《彬县志》记载，在周朝当地就有"枣林川""枣林坪"的称谓，说明在当时枣树就成片成行了。到春秋战国时期，枣的栽培地域和规模有较大的发展。《战国策》上记载，苏秦说燕文侯曰"北有枣栗之利，民虽不由田作，枣栗之实，足食于民矣"。《韩非子》上记述：

"秦大饥，应侯请曰：'五苑之……枣栗，足以活民，请发之。'"说明当时枣已是重要的食物。汉以后，枣树的栽培规模进一步扩大。之后，其分布逐渐遍及黄河中下游和辽东，并扩大到长江流域。如今枣在中国的栽培范围更加广泛。

很早以前，人们就将枣分门别类，区分出不同品种。《尔雅》中记载了11个枣品种，《齐民要术》中记载了42个品种，《打枣谱》记载有72个品种，《广群芳谱》记载枣品种达87个。

我国古代在枣树的繁殖、栽植，枣园管理，枣的采收、晾晒、加工和贮藏等方面均积累了丰富的经验和知识。在枣的移栽时期上，《齐民要术》提出"候枣叶始生而移之"，又认为"枣性硬，故生晚，栽早者……生迟也"。在栽植密度上，《齐民要术》提出"三步一树，行欲相当"。古文献中还记载有促进坐果的措施，如"反斧斑驳椎之"，以及疏花技术"以杖击其枝间，振去狂花"。枣树"开甲"技术也是我国古代劳动人民的创举，作为提高枣树坐果率的主要措施，至今仍在生产上广泛使用。

二、考古资料

20世纪60年代以来，先后在我国南部的湖北、湖南、广东、江苏、四川等地，北部甘肃、西部的新疆吐鲁番等地古墓中发掘出枣核和干枣遗迹。这些古墓均已有2000年以上的历史。20世纪70年代，在河南新郑裴李岗、密县（今新密市）新石器时代遗址和陕西西安半坡遗址发掘出碳化枣核和干枣，碳–14测定结果表明，其距今已有7240±80年历史，说明我国枣的栽培始于7000年以前。可能最早的栽培中心为晋陕黄河峡谷地区，之后逐渐在河南、河北、山东等地栽培。

三、化石

在山东临朐曾发现中新世（距今1400万~1200万年）矽藻土中山旺枣（*Zizyphus miojujuba* Hu et Chang）叶化石，考古学者认为上述叶化石与现在的酸枣叶相似。由此可以证明，我国至少在1200万年前就有酸枣，酸枣原产我国无可非议。

　　形态学、生物学、细胞学、花粉学、酶学及分子生物学等大量研究证据表明，酸枣与枣亲缘关系最近。在形态学特征方面，酸枣和枣有很多相似之处。如枣果有圆形、椭圆形、卵形、长卵形、葫芦形，酸枣也有相应果形，且酸枣的果形类型多于枣。在果实大小、果肉厚度、果肉甜酸度、核大小、枝叶特征等许多性状方面，酸枣和枣之间没有明显的界线，这些性状的变异是一个连续过程。在酸枣和枣之间存在许多过渡类型，如甜溜溜、老虎眼、算盘子、牛奶子等。在生物学方面，酸枣和枣也非常相似。两者物候期基本相同，枝芽特性和开花结果习性也很相似，不同的是酸枣的结实能力较强。枣属植物有很多种，酸枣与枣这两个种在植物学特征和生物学特性方面最为相似，而枣与其他种相差较大，说明枣来源于酸枣的可能性最大。

　　对酸枣和枣的染色体核型、花粉和同工酶特征及DNA指纹等的分析研究结果也表明，枣由酸枣演化而来。闫桂军等对74个枣品种和20多个酸枣类型的染色体数目和染色体核型的研究结果表明，除赞皇大枣为三倍体类型外，其他枣品种和酸枣类型的染色体数均为二倍体（2n=24），枣的核型较酸枣的不对称性强，说明枣比酸枣进化。张凝艳等比较了毛叶枣、酸枣和枣的过氧化物酶同工酶谱型，结果表明酸枣和枣的谱型相似，而毛叶枣与酸枣和枣的谱型差别较大，说明枣与酸枣的亲缘关系较近。张凝艳等还对26个酸枣类型和31个枣品种的过氧化物酶同工酶的谱型进行了分析，结果表明许多枣品种与酸枣的谱型Ⅰ、Ⅱ相同，且这两个谱型是它们的主要谱型。该结果也支持枣是由酸枣演化而来这一说法。李树林等对枣和酸枣的花粉壁表面结构、花粉壁厚度、花粉的沟孔类型、花粉粒大小等性状进行了分析，结果表明枣的花粉壁的穿孔较酸枣大，花粉壁厚度与酸枣无显著差异，但枣花粉壁内层较酸枣的厚，枣具有孔沟型、孔孔型花粉，有三孔沟和四孔沟花粉，即枣花粉萌发孔的多样性增加了。酸枣基因组和枣基因组相似度很高，更是证明了酸枣和枣的亲缘关系最近。

　　这些证据表明，枣与酸枣亲缘关系较近，枣比酸枣进化，酸枣是枣的原生种，枣是由酸枣演化而来的。因此，枣原产我国也无可争议。

四、野生酸枣和古枣树

酸枣在我国分布广泛,特别是西北、华北干旱半干旱地区有大量分布,且酸枣类型很多,这是长期演化和自然选择形成的结果。东北的辽宁,南方的四川、云南也有酸枣分布。目前,酸枣主要分布在丘陵山区,而在我国古代,酸枣分布十分广泛,平原的田埂地头、荒地土岗到处都有酸枣。"披荆斩棘"中的"棘",就是指酸枣。目前,我国太行山区还有保存较好的酸枣群落,有数十年和数百年生的酸枣林。在华北和西北枣区,数百年生的古枣林随处可见,很多地方都可以找到树龄在700~1400年的古老枣树和酸枣树。

第二节 枣的营养和经济价值

一、营养价值

(一)含糖量高

枣果实含糖量高,鲜枣的含糖量一般为25%~30%,干枣含糖量为65%~80%。

(二)维生素含量高

枣果中含有多种维生素(见表1-1),尤以维生素C含量最为突出(见表1-2)。鲜枣的维生素C含量为240~800毫克/100克,比桃、苹果、梨、葡萄、草莓、柑橘等高三至四十倍甚至上百倍,故鲜枣又有"维生素丸"之美誉。

表1-1 鲜枣中各种维生素的含量

名 称	含量(毫克/100克果肉)	名 称	含量(毫克/100克果肉)
维生素C	240~800	维生素P	2500
维生素A	0.04	胡萝卜素	0.007
维生素B_1(硫胺素)	0.06	视黄醇当量	0.067
维生素B_2(核黄素)	0.09	烟酸	0.9
维生素E	0.78		—

表1-2　鲜枣与其他水果维生素C含量的比较

果品名	含量（毫克/100克果肉）	果品名	含量（毫克/100克果肉）
枣	240~800	酸枣	900
沙棘	204	中华猕猴桃	62
山楂	53	荔枝	41
柑橘	33	柿	30
葡萄	4~25	芒果	23
柠檬	22	芦柑、蜜橘	19
人参果	12	香蕉	8
樱桃	10	桃	7~10
李、杏	4~5	石榴	5
梨	1~12	苹果	1~6

（三）铁和钙等矿质元素含量丰富

枣果中含有人体所必需的几乎所有矿质元素，不少矿质元素的含量还很高。枣中的铁含量明显高于梨、桃、苹果等果品，是它们的2~4倍。除了铁以外，枣中的钙、磷、锌、硒等元素的含量也都比较高。

（四）环磷酸腺苷（cAMP）含量高

环磷酸腺苷是动植物和人体细胞内参与调节物质代谢和生物学功能的重要物质，是生命信息传递的"第二信使"。枣果中环磷酸腺苷的含量非常丰富，对几百种植物的环磷酸腺苷含量分析后发现，枣果里的含量最高（见表1-3）。不同枣品种的环磷酸腺苷含量不同，木枣中环磷酸腺苷的含量约为赞皇大枣的36倍，是苹果的890倍，是梨和桃的2万多倍。即便是含量较低的赞皇大枣，它"第二信使"的含量也比苹果高20多倍，比梨和桃高500多倍。

表1-3　鲜枣与其他果品环磷酸腺苷含量的比较

枣品种	环磷酸腺苷含量/ nmol/g·FW	果品名	环磷酸腺苷含量/ nmol/g·FW
木枣	302.5	苹果	0.34
灰枣	115	李	0.115
金丝小枣	20.38	梨	<0.015
赞皇大枣	8.25	桃	<0.015

（五）含有丰富的多糖和其他类物质

枣果中含有水溶性的中性多糖（JDP-N）和酸性多糖（JDP-A），多糖是由多种单糖组成的，与蛋白质和核酸相比，多糖分子结构复杂得多，其分子量分别为63000、263000。枣中还含有蛋白质、脂肪、多种氨基酸、萜类、生物碱等多种化合物。

二、经济价值

枣营养丰富，甘甜适口，是深受国人喜爱的传统果品，它可以鲜食，也可以制干或加工成多种加工品。常见的枣的加工品有蜜枣、南枣、乌枣、酥枣、枣酒、枣醋、枣汁、枣露、枣晶、枣羹、枣茶等，还有很多以枣为主要原料的多种营养和保健产品。

枣叶可以做枣叶茶。枣花蜜营养丰富，质量好，是上等花蜜。

枣木坚硬，是制作家具的优质木材，也可制成多种加工品。

第三节 枣的医疗保健价值

枣有重要的医疗保健价值。枣树浑身是宝，枣果、枣核壳、树皮、根、叶、木心、枣仁均可入药。枣果具有补脾和胃、益气生津、解药毒之功效，可治胃虚食少、脾弱便溏、气血津液不足、营卫不和、心悸怔忡和妇人脏躁等病。枣果中含有丰富的环磷酸腺苷和环磷酸鸟苷（cGMP），对心血管病等有一定疗效。枣树皮具有收敛止泻、祛痰、镇咳、消炎、止血之功效，可治痢疾、肠炎、慢性气管炎、目昏不明等。枣叶可治小儿时气发热和疮疖。枣树根可治关节酸痛、胃病、吐血、血崩、月经不调、风疹和丹毒等。枣木心性甘、涩、温，有微毒，主治中蛊腹痛、面目青黄。枣仁味甘，性平，有养肝、宁心、安神之功效，可治虚烦不眠、惊悸怔忡、津少口干和体虚多汗等。

第四节　我国枣属植物的主要种

枣属（*Zizyphus* Mill.）植物约有100种，主要分布在亚洲和美洲的热带和亚热带，少数分布在非洲，南北半球温带也有分布。我国原产有14个种。

一、酸枣（*Zizyphus spinosa* Hu.）

原产我国，古称棘，俗名野枣、山枣。我国南北都有分布，以北方为多。酸枣在平原、丘陵山区、荒坡都能生长，适应性很强，为枣的原生种。

酸枣为灌木、小乔木或大乔木，树高2~3米，高者达36米。枣头一次枝和二次枝节间短，托刺发达，长可达2厘米以上。枣吊较细短、节间短，落叶后脱落。叶片光滑无毛，较小，卵形或长卵形，长2~7厘米，宽1~3厘米；基生三出脉。花较小，为完全花，萼片、花瓣、雄蕊各5枚，柱头一般2裂，子房2室。花序为二歧聚伞花序或不完全二歧聚伞花序。果小，有圆形、长圆形、扁圆形、卵形、倒卵形等。果皮厚，成熟时为紫红色，果肉薄，核大，味酸或甜酸。核多为圆形，具1粒或2粒种子，种仁饱满，萌芽率高。抗逆性很强，耐旱、耐涝、耐盐碱、耐瘠薄，常用作枣的砧木。

二、枣（*Zizyphus jujuba* Mill.）

原产我国，是我国的主要栽培种，南北各地均有分布。枣为落叶乔木，成龄树一般高6~8米，高的可达30米以上，树龄可达千年以上。树干、老枝呈灰褐色或深灰色；枣头一次枝、二次枝幼嫩时为绿色，成熟后为黄褐色或紫红色，节间较长，各节有托刺。枣吊较长，一般为15~22厘米。叶片光滑无毛，较大，长3~9厘米，宽2~6厘米，卵形或长卵形；基生三出脉。花较大，花径5~8毫米，为完全花，萼片、花瓣、雄蕊各5枚，柱头一般2裂，子房2室。花序为二歧聚伞花序或不完全二歧聚伞花序。果实大或较大，有圆形、椭圆形、卵形、倒卵形、葫芦形、长圆形等。成熟时为红色或深红色，果肉厚，味甜可食。核为纺锤形、圆形、菱形等，核面有纹沟，核内多无种仁，少有1粒种仁，偶有2粒。本种有以下变种：

（一）无刺枣 [Z. jujuba var. inermis (Bunge) Rehd.]

又名大枣、红枣、枣树、枣子等。枣头一次枝、二次枝上无托刺，或具小托刺，易脱落，其他性状与原种相同。

（二）龙爪枣（ Z. jujuba var. tortuosa Hort. ）

又名龙须枣、蟠龙枣。枝条扭曲生长，似龙飞舞。果实品质多不佳。供观赏用。

（三）葫芦枣（ Z. jujuba var. lageniformis Nakai ）

又名磨盘枣、缢痕枣等。在果实上、中或下部有明显缢痕，果实似葫芦状。供观赏用。

（四）宿萼枣（ Z. jujuba var. carnosicalleis Hort.）

又名柿蒂枣、柿顶枣。果实基部萼片宿存，萼片初为绿色，随果实成熟为暗红色，较肥厚。供观赏用。

三、毛叶枣（Z. mauritiana Lam.）

又名滇刺枣、酸枣（云南、广东）、南枣、印度枣、缅枣（广西）等。分布于我国广西、广东、海南、台湾、云南、四川、福建等地，在印度、越南、缅甸、泰国、印度尼西亚、马来西亚、澳大利亚等国和非洲等地也均有分布。常绿小乔木或灌木，高3~25米，多年生枝条黄褐色，嫩枝密被黄褐色绒毛，每节有2托刺，长2~8毫米。叶较大，长2.5~6.2厘米。叶为卵形、椭圆形，顶端极钝；基生三出脉。幼叶正面背面均被黄褐色绒毛，成龄叶正面光滑无毛，背面密被白色或淡黄色绒毛。花小，花径4毫米。果实为圆形、长圆形。果实中大或大，肉质疏松，味淡，品质差。核大，为圆形或长圆形，两端钝圆。果实可食用或药用。

四、蜀枣（*Z. xiangchengensis* Y.L.Chen et P.K.Chou）

产于四川乡城。

五、大果枣（*Z. mairei* Dode）

又名鸡蛋枣（云南），产于云南中部至西北部（昆明、德钦、开远）。生长在海拔1900~2000米的河边或林缘。

六、山枣（*Z. montana* W.W.Smith）

产于四川西部到西南部、云南西北部、西藏（察瓦龙）。生长在海拔1400~2600米的高山上。

七、滇枣（*Z. incurva* Roxb.）

又名印度枣，产于我国云南、广西、贵州、西藏，分布在海拔1000~2500米的混交林中，印度、尼泊尔、不丹也有分布。

八、皱枣（*Z. rugosa* Lam.）

又名皱皮枣、弯腰果、弯腰树。产于我国广西、海南、云南，印度、缅甸、越南等国也有分布。

另外还有小果枣［*Z. oenoplia*（L.）Mill.］、球枣（*Z. laui* Merr.）、褐果枣（*Z. fungii* Merr.）、毛脉枣（*Z. pubinervis* Rehd.）、无瓣枣（*Z. apetala* Hook.）和毛果枣（*Z. attopensis* Pierre）。

第五节　我国红枣品种及其分类方法

据《中国果树志·枣卷》（1993）中记载，我国共有枣树品种700个。近几年随着选种工作的进一步开展,不断选育出新的品种,枣品种数量在不断增加。据不完全统计,我国现有枣品种800多个。枣品种的分类方法很多,常用的有以下几种。

一、按果实大小来分

不同枣品种果实大小有明显差异,按果实大小可将枣品种分为大枣和小枣两大类。但大枣和小枣之间没有严格的分界线,一般将某品种平均单果重小于6~7克的称为小枣,大于6~7克的称为大枣。

大枣树势强健,生长旺盛,树体高大,耐瘠薄,适应性强,如婆枣、赞皇大枣、骏枣、壶瓶枣、圆铃枣、灰枣、灵宝大枣、晋枣等。

小枣一般树势较弱,树冠小,果实也小,品质比较优良,如金丝小枣、鸡心枣、无核小枣等。

二、按果形来分

（一）圆形
果实为圆形或近圆形。如冬枣、圆铃枣、灵宝大枣、相枣、大荔圆枣等。

（二）长形
果实为长圆形或圆柱形。如灰枣、长红枣、壶瓶枣、串杆枣、义乌大枣、灌阳长枣等。

（三）扁圆形
如柿饼枣、花红枣等。

（四）缢痕形
果实上有明显缢痕。如葫芦枣、磨盘枣、磨脐枣等。

（五）宿萼枣
果柄端萼片宿存,如柿蒂枣等。

三、按用途来分

不同枣品种其主要用途不同，根据其主要用途，可划分为鲜食品种、制干品种、蜜枣品种、兼用品种和观赏品种五大类。

（一）鲜食品种

此类品种果实主要用来鲜食，特点是果皮薄、肉质脆、汁液多、甜味浓，适合鲜食，但制干率低，不宜做制干用，如冬枣、临猗梨枣、蜂蜜罐、不落酥、郎家圆枣、蛤蟆枣、大白枣、尜尜枣等。此类品种数量不少，但大多数为零星栽培，发展面积不大。《中国果树志·枣卷》（1993）中记载鲜食品种有261个。

（二）制干品种

此类品种果实的主要用途是通过自然晾晒或烘制干成通常所说的干枣（含水量低于25%或22%）。制干品种一般果皮厚、肉粗、汁液少、甜味淡，但制干出干率高，如婆枣、圆铃枣、赞皇大枣、灰枣、金丝小枣、无核小枣、鸡心枣、板枣、中阳木枣等。制干品种是分布范围最广、栽培面积最大的一类品种，是我国北方传统枣产区栽培的主要品种类群。《中国果树志·枣卷》（1993）中记载制干品种有224个。

（三）蜜枣品种

此类品种果实主要适用于加工蜜枣。其特点是果实个大且整齐，肉厚质松、汁少、皮薄、含糖量低、细胞间空室较大，如义乌大枣、宣城圆枣、宣城尖枣、枣阳秤砣枣、灌阳长枣等。此类品种主要分布在我国南方枣产区。《中国果树志·枣卷》（1993）中记载蜜枣品种有56个。

（四）兼用品种

此类品种果实的特点是既可鲜食，也可制干或加工蜜枣。此类品种数量也较多，有不少品种为当地的主栽品种，如湖南鸡蛋枣、敦煌大枣、板枣、阿拉尔圆脆枣、骏枣、鸣山大枣、晋枣等。

（五）观赏品种

此类品种的特点是果实或枝条的形状或颜色特殊，有观赏价值，如葫芦枣、磨盘枣、茶壶枣、柿顶枣、胎里红、龙爪枣、三变红等。此类品种在《中国果树志·枣卷》(1993)中没有被单列出来,而是被分到制干品种或鲜食品种等其他类别中了。

四、我国主要枣优良品种

(一)鲜食品种

1. 冬枣

原产于河北省沧州和山东省滨州、德州一带,在黄骅有数百年生的古冬枣林。目前主要栽培于河北的黄骅、沧县,山东的滨州、德州,陕西的大荔以及南疆等地。

果实近圆形,果面平整光洁,单果重12~13克,大小较整齐。果肉为绿白色,细嫩多汁,甜味。其含糖量在白熟期为27%,着色期为34%~38%,完熟期为40%~42%,鲜枣的含水量在70%左右,维生素C含量352毫克/100克,可食率97.1%。9月下旬为白熟期,10月初开始着色,10月中旬完全成熟。从白熟期到完全成熟期可陆续采收,果实生育期125~130天。

该品种适应性强,果实成熟晚,品质极上,为优良的鲜食晚熟品种。但易遭受绿盲蝽象危害,需要精心管理,否则不易坐果。

2. 辣椒枣

别名长脆枣、长枣、奶头枣。原产和分布于山东、河北的夏津、临清、冠县、深州市、衡水、交河、邢台、成安等地,多零星栽培。

果实中大,呈长锥形,纵径3.8~4.9厘米,横径2.4~2.6厘米,单果重11.2克,最大22克,大小较整齐。果肩凸圆。梗洼中深,较窄。果顶渐细,顶端圆,中心略凹陷,呈乳头状,柱头遗存。果面平滑光洁。果皮薄,呈红色,光亮美观。果点大,圆形,不明显。果肉白色,质地较细,较酥脆,汁液较多,甜酸可口,鲜食品质优异。鲜枣可食率97.1%,维生素C含量395.66毫克/100克;果皮含黄酮5.26毫克/克,环磷酸腺苷含量97.95微克/克。果核较小,呈纺锤形,核重0.33克。核内多不含种子。在山西太谷地区9月下旬果实成熟,果实生育期115天左右，为晚熟品种类型。果实成熟期遇雨较易裂果。

3. 枣枣枣

别名嘎嘎枣、葫芦枣等。分布于北京市丰台区大瓦窑一带，现在北京郊区有栽培。

果实两头尖中间大，呈长椭圆形，故名枣枣枣。平均单果重6克。果面平滑，果皮薄，为紫红色。果肉细嫩多汁，味甜微酸，果核细小，鲜食品质上等，9月上、中旬成熟。抗裂果能力差。

4. 新郑早红

河南省林业科学研究院等单位从新郑枣区选育出此品种，2008年9月通过了河南省林木品种审定委员会审定。

果实中等偏大，为卵圆形或短椭圆形，纵向微歪斜。果面平整光洁，平均纵径3.03厘米，平均横径2.58厘米。平均单果重10.56克，最大果重18.6克，大小较整齐。果肩较圆，平整无纹沟，梗洼广浅，环洼浅平。果顶圆，先端略凹下。果柄中粗，长0.2~0.4厘米。果皮薄，幼果期时枣果向阳面有红晕，白熟期时枣果有亮光，脆熟期时枣果为橙红色。果点小，呈圆形，稀疏。果肉白绿色，质地细脆，多汁，甜味浓，略酸，着色后可溶性固形物含量为29.1%~31.3%，完熟期可溶性固形物含量为31.0%~33.4%，可食率97.67%，鲜食品质上。果核小，为纺锤形，顶端尖长，柄端尖短，纵径1.57厘米，横径0.61厘米，平均核重0.252克，核纹浅，纵条纹，核内大多无种子。在新郑枣区，7月底进入白熟期，8月初进入脆熟期，8月中旬陆续进入完熟期。果实生育期75~80天。

该品种适应性强，耐干旱、耐瘠薄，较抗枣锈病、枣炭疽病、枣缩果病。

5. 露脆蜜枣

山东省枣庄市果树科学研究所从当地农家栽培的枣庄脆枣品种群中选育出的鲜食枣品种。

果实中大，整齐，为短圆形，纵径3.5厘米，横径3厘米，平均单果重14.6克，最大果重23.5克。果肩平整，与果顶等宽。果柄较短，约有3毫米。果顶广圆，白熟期果皮为黄绿色；成熟时果皮为黄白色，阳面着鲜红色，着色面50%以上；

完熟时果皮呈全面紫红色，极美观。果肉酥脆无渣，汁液丰富，脆熟期鲜果含可溶性固形物31.7%，维生素C含量243.6毫克/100克，品质极上。核中大，为长椭圆形，可食率96.7%，采前不裂果。8月下旬进入脆熟期，9月上旬完熟。果实生育期90~102天。

该品种适应性强，抗旱、耐瘠薄，较抗寒，抗枣疯病。

6. 中秋酥脆枣

中南林业科技大学从湖南省祁东县当地品种糖枣芽变中选育出来，2005年7月通过湖南省科技成果鉴定，2007年2月通过湖南省农作物品种审定委员会非主要农作物品种登记。

果实中大，为圆柱形，皮薄，肉厚，核小，单果平均重量13.8克，可食率达97.1%。果肉白色，肉质细腻，酥脆，汁液多，可溶性固形物31.76%，总糖含量29.41%，风味浓甜适口，有轻微的芳香。8月中旬为果实白熟期，8月下旬到10月上中旬为果实成熟采收期。耐高温高湿能力强。9月15—20日以前成熟的果实较易裂果，后期成熟的果实不易裂果。对南方紫色土、钙质土等贫瘠土壤具有较强的适应性。

7. 鲁枣 2 号

山东省果树研究所从山东肥城一农户院中发现该品种，是六月鲜的一个自然实生变异优株。2009年12月通过山东省林木品种审定委员会审定。

果实为长倒卵形或长椭圆形，平均纵径4.16厘米，横径3.19厘米，平均单果重15.5克，最大果重21.4克，果实大小均匀，整齐度较高。果皮为紫红色，中厚。果肉厚，呈绿白色，肉质细，疏松，汁液中多，味甜酸。鲜枣可溶性固形物含量35.73%，可食率96.24%，鲜食味佳，果实较大，品质上等。果实8月中旬着色，8月下旬完熟，果实生育期80~85天，比六月鲜提早成熟10天左右。

该品种抗旱、耐涝、耐瘠薄。成熟期果实不裂果，未见果实病害发生。

8. 北京白枣

别名长辛店白枣、白枣、脆枣。原产北京，分布较广，数量较多，在丰台区长辛店镇的朱家坟、张家坟一带较集中，多庭院栽培，有数百年栽培历史。

果实中等大，为长卵圆形或长椭圆形，纵径3.7厘米，横径2.5厘米，单果重12克，大小整齐一致。果肩圆或广圆，平斜。梗洼窄，浅平。果梗粗，长4毫米左右。果顶尖圆，柱头遗存。果面平滑光亮。果皮薄而脆，呈暗红色。果肉为绿白色，质地致密细脆，汁液多，味酸甜，口感极佳，适宜鲜食。鲜枣可食率96.6%，脆熟期可溶性固形物含量33%，总糖含量32%，含酸量0.6%，维生素C含量408.77毫克/100克；果皮含黄酮6.47毫克/克，环磷酸腺苷含量210.6微克/克。果核小，为纺锤形，纵径1.93厘米，横径0.83厘米，核重0.41克。核蒂渐尖，先端圆，核尖细长。核纹宽，中等深，呈"人"字斜纹。核内多有种子，含仁率85.7%。

结果较早，早期丰产，幼龄枝结实性能较强，在山西太谷地区，9月中旬果实成熟采收，果实生育期100天左右，为中熟品种类型。成熟期遇雨易裂果，抗病性较差。

9. 金丝4号

山东省果树研究所1990年从金丝2号自然杂交的实生枣树中选育出的优良单株，通过国家林木良种审定。

果实近长筒形，两端平，中部略粗。果重10～12克，整齐度高。果肩平而略斜，无明显梗洼。果尖微凹。果面光滑，光亮艳丽。果皮细薄富韧性，白熟期为浅绿白色，着色后呈浅棕红色。果肉为白色，质地致密脆嫩，汁液较多，味极甜微酸，口感极佳。可溶性固形物含量40%～45%，品质极上。制干率55%左右，制干品质上。9月底成熟。

10. 大白铃

别名鸭蛋枣、梨枣、鸭枣青、馒头枣。原产山东省夏津县，分布于山东省的临清、武城、阳谷和河北省的献县等地，多为零星栽植。

果实大，近圆形，纵径4.2厘米，横径4厘米，单果重31.9克，最大42克，大小较整齐。果梗短而粗，梗洼窄而深。果顶平圆或微凹，柱头遗存。果点小而密，圆形，呈浅黄色。果皮较薄，呈紫红色，果面欠平滑。果肉厚，为绿白色，肉质松脆，味甜，汁液中多，品质上等，适宜鲜食。鲜枣可食率97.2%，含可溶性固形物

33%，总糖含量24.5%，含酸量0.28%，维生素C含量280.08毫克/100克；果皮含黄酮55.54毫克/克，环磷酸腺苷含量127.48微克/克。核小，为纺锤形，核尖短，纵径2.2~2.4厘米，横径1.0~1.2厘米，核重0.9克，核内几乎无种仁。

在山西太谷地区，9月中旬开始果实进入脆熟期，9月下旬全红完熟，果实生育期110天左右，为中晚熟品种类型。进入脆熟期后枣果有软化现象，抗黑斑病能力中等。

11. 永济蛤蟆枣

别名蛤蟆枣。原产于山西省永济市的仁阳、太宁等村，为当地主栽品种。栽培历史不详。

果实大，呈扁柱形，纵径4.93厘米，横径3.61厘米，单果重25.4克，大小较整齐。果皮薄，为紫红色，果面不平滑，有明显小块瘤状隆起和紫黑色斑点，类似癞蛤蟆瘤状，故称"蛤蟆枣"。果点较小而不明显，但密度较大。果顶平或微凹，柱头遗存。果梗中等粗，较长，梗洼窄而深。果肉厚，为绿白色，肉质细而酥脆，味甜，汁液较多，品质上等，适宜鲜食。鲜枣耐贮藏，普通冷库条件可贮藏3个月以上。鲜枣可食率96.3%，含可溶性固形物32.4%，总糖含量28.1%，含酸量0.5%，维生素C含量420.82毫克/100克；果皮含黄酮59.05毫克/克，环磷酸腺苷含量79.49微克/克。果核小，纺锤形，纵径2.87厘米，横径0.99厘米，核重0.94克。核尖中长，核纹较深，核面粗糙，含仁率仅3.3%。在山西太谷地区，9月上旬果实着色，9月下旬进入脆熟期，果实生育期110天左右，为晚熟品种类型。成熟期遇雨易裂果，采前落果程度极轻。

12. 北京鸡蛋枣

原产北京，零星分布于古老宅院。因果实大，形似鸡蛋而得名。栽培历史不详。

果实大，呈卵圆形，纵径4.5厘米，横径3.3厘米，单果重23.4克。果实大小比较整齐。果肩宽，广圆。梗洼浅广。果顶平圆，先端略凹陷。柱头遗存，不明显。果点小，为黄褐色，分布稀疏，不明显。果面略有隆起，果皮较厚，白熟期至脆熟期有黄灰色过渡现象，完熟期为暗红色，富有光泽。果肉为绿白色，质地较致密，汁液较多，味甜，品质上等，适宜鲜食。鲜枣可食率98%，含可溶性固形物29.4%，总糖含量26.98%，含酸量0.39%，维生素C含量271.23毫克/100克；果皮含黄酮8.29毫克/克，环磷酸腺苷含量441.48微克/克。果核较小，纺锤形，纵径2.4厘米，横径0.74厘米，核重0.48克，核蒂短，稍尖，核尖较长，渐尖，核纹细而深。核内多有种子，含仁率71.5%。在山西太谷地区，9月中旬果实成熟采收，果实生育期100天左右，为中熟品种类型。该品种进入落叶期较早，一般年份10月10日左右落叶。果实成熟期遇雨易裂果，抗病性较强，但抗早期落叶病能力较差。

13. 宁阳六月鲜

分布于山东省的宁阳、兖州、济宁等地，系当地原产品种，数量极少。

果实中等大，果形不一，有长椭圆形、卵圆形、倒卵形等多种形状。果个大小较整齐，纵径3.6厘米，横径2.7厘米，单果重13克。果肩平圆，有数条浅沟棱。梗洼中广，浅或中深。环洼深，中等大。果柄粗短，果顶圆或广圆。果面不平整，果皮较厚，为浅红色。果点为圆形，中等大，密度大，不显著。果肉为白绿色，质地细脆，汁液多，甜味浓，略具酸味，口感极佳，适宜鲜食，也可制干。鲜枣可食率93.5%，含可溶性固形物37.2%，总糖含量29.6%，含酸量0.57%，维生素C含量349.29毫克/100克；果皮含黄酮13.27毫克/克，环磷酸腺苷含量248.67微克/克。果核中等大，呈长纺锤形或椭圆形，核重0.85克，核蒂小，略尖，核尖突尖。核纹中深，呈不规则短斜纹。核内多具饱满种子，含仁率96.7%。在山西太谷地区，9月中旬果实着色成熟，果实生育期110天左右，为中熟品种类型。此品种较抗裂果和抗病。

14. 山东梨枣

别名鲁北梨枣、大铃枣、铃枣、梨枣、脆枣。原产山东和河北省交界处的乐陵、庆云、无棣、盐山、黄骅等地，多为庭院零星栽植。

果个大，果形多为梨形或倒卵圆形，纵径3.9厘米，横径3.3厘米，单果重22.4克，最大可达55克，大小不整齐。果皮较薄，为红色，果面有隆起。果点小，圆形，为浅黄色，不明显。果梗粗而短，梗洼窄而深。果顶微凹，柱头遗存。果肉厚，呈绿白色，肉质细而酥脆，味甜微酸，汁液多，品质极优，适宜鲜食。鲜枣可食率95.4%，含可溶性固形物29.4%，总糖含量22.76%，含酸量0.33%，维生素C含量353.1毫克/100克；果皮环磷酸腺苷含量68.72微克/克。核较小，纺锤形，纵径2.6厘米，横径0.9厘米，核重1.03克。含仁率86.7%，种仁较饱满。在山西太谷地区，9月上旬枣果进入脆熟期，果实生育期90天左右，为早熟品种类型。果实抗病性强，较抗裂果。

15. 马牙白

别名马牙枣。原产北京，北京各地均有栽培，数量较多，较集中的产区为海淀区北安河一带。因果形似马牙而得名，栽培历史悠久。

果实中大，呈圆锥形，胴体两侧不对称，一侧较平直，一侧弯曲呈半月形，纵径4.1厘米，横径2.42厘米，单果重10.1克，大小不整齐。果肩平，但不对称。梗洼浅而广。果顶尖圆。果面光滑。果皮薄而脆，为红色。果肉为浅绿色，质地酥脆，细腻，汁液多，味酸甜，鲜食品质极佳。鲜枣含可溶性固形物31%，总糖含量27.91%，含酸量0.3%，维生素C含量258.78毫克/100克；果皮含黄酮12.27毫克/克，环磷酸腺苷含量8.7微克/克。果核较大，呈两端不等长的纺锤形，核重0.45克。含仁率76.9%。在山西太谷地区，9月中旬果实成熟，果实生育期100天左右，为中熟品种类型。成熟期遇雨易裂果。

16. 秋蜜

秋蜜是从冬枣实生后代中选育出来的，父本不详。2021年通过国家林业和草原局林木品种审定委员会审定。在南疆引种栽培表现良好。

果实为椭圆形，平均单果重10.8克，果肉汁多，口感酥脆，无残渣，风味甜，可溶性固形物含量33.5%，含酸量1.63%，果实可食率96.5%，制干后果肉细腻、有弹性。果实生育期90天。丰产稳产性强，适合鲜食，品质优，为优良中熟鲜食枣品种。

17. 京沧 1 号

俗称蟠枣，是从冬枣实生后代中选出来的，父本不详。2018年通过国家林木良种审定。

果个大，呈扁圆形。平均单果重25.5克。甜酸适口，可溶性固形物含量与冬枣近似，而有机酸的含量约为冬枣的2倍。9月上中旬进入脆熟期。丰产性好，高接当年亩产可达200千克，盛果期亩产1200千克以上。成熟期遇雨易裂果，易患缩果病。

（二）制干品种

1. 灰枣

主产于河南新郑、中牟、西华等县，为当地的主栽品种，20多年前引种到南疆栽培，表现良好。

果实呈长卵圆形，果顶端向一方稍偏，果面光滑，果肉细密，甜味浓，汁液中等多，品质上等。鲜枣含糖量30%，干枣含糖量85.3%，制干率为55%～60%，可食率达97.3%。制干后，果实皱纹浅，肉质紧密，有弹性，耐贮运。成熟期遇雨易裂果。9月中旬成熟。

该品种适应性强，品种优良。易裂果，不抗铁皮病。

2. 羌灰3号

该品种果实为短圆柱形。果个大小均匀，平均纵径3.3厘米，横径2.7厘米，鲜枣平均果重10.7克，最大果重16.8克，果肉致密，制干后味香甜，核小。制干率61.4%，可食率95.1%。10月中旬完熟（挂干），制干后有弹性，受压易复原，耐贮运，商品性极高。

3. 灰实2号

该品种树冠相对紧凑，枣刺明显退化。果皮稍厚，不易裂果。果实较大，近圆柱形，纵径3.5厘米，横径2.1厘米，果实大小均匀。半干枣平均单果重9.1克，较普通灰枣高25.2%。果面较平整，果皮为橙红色，肉质脆甜。半干枣总糖含量66.11%，维生素C含量120毫克/100克。9年生枣树平均单株产量7.04千克以上。10月中旬成熟采收，干枣果肉致密，有弹性，受压后能复原，耐贮运。

4. 赞皇大枣

原产河北省赞皇县，后引种到新疆等全国各地，均表现良好。

果实为长圆形或倒卵形，平均果重17.3克，最大果重29克。果面平整。果皮较厚，果肉近白色，致密质细，汁液中多，味甜略酸，含可溶性固形物30.5%，制干率47.8%。鲜食风味中上，制干红枣果形饱满，有弹性，耐贮运，品质上等。由于果大而整齐，近几年多用于加工为蜜枣，蜜制产品优良。该品种9月中旬成熟。

该品种适应性强，果个大而整齐，耐旱，耐瘠薄，丰产稳产，较抗裂果，易患铁皮病。

5. 金丝小枣

主要分布在河北沧县、青县、献县、泊头、盐山、南皮、海兴和山东的乐陵、无棣、庆云、寿光、阳信、沾化，栽培历史悠久。该品种的果实晒至半干，掰开果肉，可拉出6~7厘米长的金黄色细丝，故名"金丝小枣"。该品种目前在我国栽培面积约500多万亩，其产量占全国总产量的25%左右。

果形有椭圆形、倒卵形等，平均果重5克。果皮薄，光亮美观。果肉致密细脆，味甘甜，微具酸味，鲜枣可溶性固形物34%~38%，维生素C含量为560毫克/克，可食率95%~97%，制干率55%~58%。制干后肉质细，果形饱满，富有弹性，含总糖74%~80%，耐贮运，品质上等。成熟期9月下旬至10月上旬。

该品种耐盐碱、抗旱，喜深厚肥沃土壤。抗铁皮病，果实成熟期遇雨易裂果。

6. 沧无1号

河北省沧州市林业科学研究所从河北省南皮县无核小枣中选育出，2001年2月通过河北省林木品种审定委员会认定。

果实为长圆形，纵径2.12~3.26厘米，横径1.53~2.22厘米，平均单果重4.51克，果个大小均匀。鲜枣为鲜红色，光亮。果皮薄，果肉为黄白色，质地致密，鲜枣可溶性固形物含量36.3%，可食率100%，制干率61.5%，适宜鲜食和制干。制干后的红枣果形饱满，肉厚，富弹性，含总糖76.2%、有机酸0.3%，维生素C含量10.1毫克/100克，甜味鲜浓，无苦杂味，皮薄柔韧，呈深红色，光亮，品质上等，果核退化，部分大果有少量渣滓，但不影响食用。9月上旬果实着色，9月中旬成熟采收。

7. 紫圆

从圆铃枣中选育出的新品种。

果实为圆形或扁圆形，果肩不平，有纵棱，果顶凹陷，平均单果重26~28克。果皮为紫红色，光亮，果面有稀疏紫点。果肉为绿白色，质地紧密，稍脆，汁少，可溶性固形物28.5%。成熟期在9月上、中旬。

该品种树势强健，发枝力强、适应性强。抗裂果、抗铁皮病能力强。

8. 相枣1号

山西省农业科学院园艺研究所等单位2000年从山西运城相枣中发现的优良芽变，2009年4月通过山西省林木品种审定委员会审定。

果实扁卵圆形或高元宝形，大小较整齐（相枣大小不均匀），平均单果质量33.4克（相枣22.9克），最大78克。果皮厚，色泽紫红，果面光滑，有光泽，果点大而稀疏。果顶凹，果肩凸，梗洼深度和广度大。果肉质地紧密，硬度大，汁液少，含糖量高，适宜制干，品质上。鲜枣可食率98.5%，可溶性固形物含量30.7%。枣核小。极抗裂果，一般年份裂果率不超过5%，多雨年份不超过10%。果实生育期120天左右，在山西运城地区，9月下旬进入果实成熟期，比相枣晚10~15天，属晚熟制干品种。

9. 佳县油枣

西北农林科技大学和佳县林业局从佳县当地品种中阳木枣中选育出来，2001年11月通过陕西省林木良种审定委员会审定。

果实中大，呈长圆形或圆柱形，平均单果重12.3克，最大19.6克。果面平，果皮中厚，呈黑红色，外形美观。果肉厚，为绿白色，质地硬，汁液较少，味甜，略具酸味。适宜制干，品质上等，制干率47.6%，含糖量75.2%，含酸量1.2%，含水量20.0%。果核较小，呈纺锤形，平均核重0.35克。10月上旬完全成熟，适宜采收。较抗裂果，一般在成熟期能抗2~3天的阴雨，耐寒力较强。

（三）蜜枣品种

1. 灌阳长枣

别名牛奶枣。主要分布于广西灌阳，为当地的主栽品种。

果实为长圆柱形，果尖向一侧歪斜。平均单果重14.3克，果皮较薄，着色后富有光泽。果肉为黄白色，质地较细，稍松脆，汁液少，味甜，可食率96.9%。白熟期含糖量18%，全红果含糖量27.9%，出干率低。蜜枣品质上等。

2. 宣城尖枣

主要分布于安徽宣城水东、孙埠、杨林等乡镇，为当地的主栽品种。

果实为长卵圆形，平均单果重22.5克，大小整齐。果面光滑。白熟期采收含糖量为9.9%，含酸量0.27%，鲜枣含维生素C 351.1毫克/100克，可食率97%。8月下旬进入白熟期，蜜枣品质上等。9月上旬开始着色，果实生育期95天左右。

3. 宣城圆枣

别名团枣。主要分布在安徽宣城水东、孙埠、杨林等乡镇，为水东乡主栽品种。

果实近圆形，果实大，平均单果重24.5克，大小整齐。果皮薄，平整光滑，白熟期为绿白色，着色后为赭红色。果肉为淡绿色，质地细密，汁液中多，白熟期含糖量10.7%，含酸量0.23%，含维生素C 333.1毫克/100克。脆熟期味甜略酸。8月下旬进入白熟期，9月上旬着色。开花至白熟期95天左右，裂果轻。蜜枣品质上等。

4. 尖头马枣

别名马枣。分布于浙江义乌、兰溪、东阳、永康等地。

果实为长鸡心形，中等大，平均单果重10.8克。果面有不明显的隆起。果皮中厚，白熟期为乳白色。果肉近白色，略粗松，汁液少，味淡，略酸，可食率94%。9月10日左右进入白熟期，白熟果生长期90天，裂果轻。蜜枣品质上等。

5. 随县大枣

别名秤砣枣。产于湖北随州的唐县镇。

果实为长圆形，平均单果重18克，大小整齐。果皮中等厚，为浅棕红色，着色前为白色。果肉厚，白色，质地松，汁液少。白熟果含糖量8.3%，含酸量0.28%，含维生素C 480.5毫克/100克。8月中下旬进入白熟期。蜜枣品质上等。

6. 桐柏大枣

产于河南桐柏，数量少，为稀有品种。

果实近圆形，特大，一般果重46克左右。果皮为赭红色，中厚。果肉厚，为黄白色，质地较松，汁液少，甜度中等，含糖量22.1%，含酸量为0.32%，含维生素C 442.3毫克/100克，可食率97.2%，品质中上等。9月上旬采收。果实生育期110天左右。果实成熟一致，易裂果。该品种适应性强，产量较高。适于加工成蜜枣。

7. 义乌大枣

分布于浙江义乌、东阳等地。

果实为圆柱形或长圆形，平均单果重14.5克，最大果重18.5克，大小均匀。果皮薄，果肉厚，为乳白色，质地稍松，汁液少，白熟期含糖量13%，含维生素C 503.2毫克/100克，适宜制作蜜枣，品质上等。8月下旬进入白熟期，果实生育期95~100天。

8. 苏南白蒲枣

广泛分布于江苏南部和上海市郊，主产地为无锡、溧阳、宜兴一带，为当地重要的主栽品种。

果实中大，呈长圆形，单果重10克，大小整齐。果肩较小，平圆。梗洼浅平。果柄细，长3毫米左右。果面平滑光洁，富有光泽。果皮较薄，为浅红色。果点中大，中密，不明显。果肉为浅绿色，质地酥脆，汁液多，宜制作蜜枣和鲜食。鲜枣可食率97.2%，白熟期可溶性固形物14.00%，总糖含量11.7%，含酸量0.42%，维生素C含量520.8毫克/100克。果核小，呈纺锤形，平均重0.28克，核内常有种子。在山西太谷地区，10月上旬果实着色成熟，果实生育期120天左右，为极晚熟优良蜜枣品种。

9. 歙县马枣

别名马头枣。主要分布于安徽歙县为当地原产品种。栽培历史近800年。

果实较大，长柱形，纵径3.56厘米，横径2.2厘米，单果重13克，大小较整齐。果肩平，梗洼中深、广，果顶突尖，柱头残存。果面光滑，果皮较薄，为红色。果点小，分布较稀。果肉为浅绿色，质地酥脆，汁液中多，适宜制作蜜枣，品质上等。鲜枣可食率95.5%，含总糖11.80%，含酸量0.22%，维生素C含量426.95毫克/100克；果皮含黄酮2.96毫克/克，环磷酸腺苷含量105.52微克/克。果核呈纺锤形，核重0.58克，核内一般不含种子。在山西太谷地区，8月下旬进入白熟期，9月上旬着色进入脆熟期，果实生育期100天左右，为中熟优良蜜枣品种。

10. 鹅子枣

别名鹅蛋枣。原产于浙江义乌的后宅、福田、平畴等地。系义乌大枣自然变异株系。

果实大，呈圆形，纵径3.32厘米，横径2.9厘米，单果重17.9克，最大35克，大小较整齐。果肩平，梗洼中深、广。果皮光滑，为红色。果点中大，稀疏。果顶平，柱头脱落。果肉质地酥脆，汁液少，味酸甜，鲜枣品质中上，宜加工蜜枣。鲜枣可食率95.2%，总糖含量19.32%，含酸量0.54%，维生素C含量491.1毫克/100克。果核较大，平均重0.86克，含仁率43.3%。在山西太谷地区9月下旬成熟，果实生育期111天，为晚熟优良蜜枣品种。

11. 涪陵鸡蛋枣

原产和分布在重庆市江北、奉节、涪陵等地，为当地的主栽品种。有100年以上栽培历史。

果实较大，呈圆柱形，纵径3.69厘米，横径3.04厘米，单果重16.4克，大小较整齐。果肩平。梗洼中深、较窄，果顶凹陷。果柄粗，长4.7毫米。果面有隆起，果皮为红色。果肉为浅绿色，质地疏松，汁液中多，味甜，品质中等，可加工蜜枣和鲜食。鲜枣可食率95.4%，含可溶性固形物25.6%，含糖量18.33%，含酸量0.23%，维生素C含量317.18毫克/100克；果皮含黄酮13.29毫克/克，环磷酸腺苷含量134.47微克/克。果核中大，呈纺锤形，核重0.64克。在山西太谷地区，8月下旬开始进入白熟期，白熟果生育期85天左右，为中晚熟优良蜜枣品种。

（四）兼用品种

1. 骏枣

分布于山西交城一带，为当地主栽品种，十余年前开始在南疆地区大量发展。

果实呈圆柱形或长倒卵形。平均单果重22克，大小不整齐。果面光滑，果皮薄，为深红色。果肉厚，颜色为白色或绿白色，质地略酥脆，汁液中等。含糖量28.7%，含酸量0.45%，含维生素C 432毫克/100克，含水量63.3%，可食率96.3%，品质上等。干枣含糖量75.6%，含酸量1.58%，含维生素C 16毫克/100克。果实8月上旬白熟，8月中旬开始着色，9月上旬进入脆熟期，果实生育期100天左右。

树势强旺，发枝力中等，但采前易落果，成熟期遇雨裂果严重，果实易患铁皮病和炭疽病。

2.骏枣1号

山西省林科院等单位从骏枣种选育出的新品种，2003年通过山西省林木品种审定委员会审定。

果实呈柱形，果肩较小，梗洼较深广。平均单果重35克，最大果重70克以上，是目前我国果实最大的红枣品种之一。果皮薄、深红色，果面光滑，艳丽美观。果肉为淡绿色，脆甜。鲜枣可食率97.1%，含糖量32%，含酸量0.45%，维生素C含量453毫克/100克；干枣含糖量76%。果核呈长纺锤形，核尖长，核纹深，种仁不饱满。适宜鲜食、制干、加工。9月上中旬成熟，果实发育期100天左右。

该品种抗寒性较强，耐干旱、瘠薄、高温，抗风沙。

3.壶瓶枣

主产于山西太谷、清徐、交城、文水、祁县、榆次等地。十余年前引种到南疆发展。

果实呈长倒卵形或圆柱形。平均单果重19.7克，大小较均匀。果面平滑，果皮较薄，为深红色。果肉厚，为绿白色，质地较酥脆，汁液中多，味甜。含糖量30.4%，含酸量0.58%，含维生素C 493.1毫克/100克，含水量58.4%，可食率96.6%，品质上等。干枣含糖量71.8%，含酸量3.15%，含维生素C 30.1毫克/100克。8月中旬进入白熟期，9月中旬完全成熟采收。果实生育期100天左右。

树势强健，发枝力中等。丰产稳产。采前落果严重，成熟期抗风能力差，遇雨易裂果浆烂，干枣肉质较疏松，不耐挤压。果实易患铁皮病和炭疽病。

4. 金昌 1 号

从山西省太谷县北汪乡壶瓶枣变异单株中选育出，2003年9月通过了山西省林木品种委员会的良种审定。

果实特大，呈短柱形，平均单果重30.2克，纵径5厘米，横径3.8厘米，最大果重80.3克。果面光滑，果皮鲜红美观。鲜枣果肉为淡绿色，酸甜爽口，质地酥脆，汁液中多，含可溶性固形物38.4%、含糖量35.7%、含酸量0.62%、维生素C含量532.6毫克/100克。鲜枣可食率98.6%，制干率58.3%。干枣含糖量73.5%，品质上等。核重0.61克，核尖长，核内多无种子。在太谷地区，9月中旬果实进入脆熟期，9月下旬为完熟期，果实生育期90天左右。

5. 板枣

主产于山西稷山县，为当地主栽品种。

果实呈扁倒卵形，侧面较扁，平均单果重12克，大小较整齐。果面不很平整，果皮为紫褐色，中等厚，有光泽。果肉厚，为绿白色，质地致密，稍脆，汁液中多，甜味浓，稍具苦味。含糖量33.7%，含酸量0.36%，含维生素C 499.7毫克/100克，含水量50.4%，制干率57%。干枣含糖量74.5%，含酸量2.41%，含维生素C 10.9毫克/100克。品质上等。9月上旬着色，9月下旬采收。果实着色后落果严重。

树势较强，发枝力中等，结果早，丰产稳产，品质优良。

6. 晋枣

分布于陕西、甘肃交界的彬州、长武、泾川、宁县、庆阳、正宁等地。

果实呈长卵形或圆柱形，平均单果重21.6克，大小不整齐。果面有不明显的凹凸起伏和纵沟，果皮薄。果肉厚，呈白绿色或乳白色，质地致密酥脆，汁液较多，甜味浓。鲜枣含糖量26.9%，含酸量0.21%，含维生素C 390毫克/100克，可食率97.8%，鲜食品质极上。干枣含糖量68.7%~78.4%，制干率30%~40%。10月初完熟采收，果实生育期110天左右。

树势较强，树姿直立，抗寒、抗风、较耐盐碱，不抗旱。不抗裂果，果实成熟期遇雨易裂果浆烂。

7. 湖南鸡蛋枣

主产于湖南溆浦、麻阳、辰溪、隆回、邵阳等地。

果实呈阔卵形，平均单果重19.4克，大小不整齐。果皮薄，开始着色时为黄红色，后呈紫红色。果肉为白绿色或乳白色，质地松脆，汁液较少，味较甜。含糖量11.3%，含酸量0.19%，含维生素C 333.5毫克/100克，可食率94%~96%，制干率39.8%。干枣含糖量50.92%。8月中旬成熟。

树势中等，抗病虫能力强，不抗风，产量较高，适宜鲜食、制干和加工蜜枣。

8. 宁夏圆枣

分布于宁夏中部的中宁、中卫、灵武等地。

果实呈短圆柱形，平均果重7克。果面平滑光亮，果皮为深红色。果肉为白绿色，质地致密细脆，汁液中等多，味甜稍酸，含糖量28.9%，含酸量0.57%，鲜枣含维生素C 599.6毫克/100克，可食率95.5%，制干率51.2%。鲜食、制干品质兼优。9月中、下旬成熟。果实生育期100天左右。

树势中等，发枝力较强。耐寒、耐旱、耐瘠薄、耐盐碱能力强。丰产稳产。

9. 延川狗头枣

由西北农林科技大学和延川县枣业局从延川县庄头村当地品种狗头枣中选育出来，2001年12月通过陕西省林木良种审定委员会审定。

果实大，呈卵圆形或锥形，似狗头状。平均单果重18.7克，最大25.4克，大小较整齐。果面平整，果皮中厚，为褐红色。果肉为绿白色，质地致密细脆，汁液中多，味酸甜。适宜鲜食和制干，品质优良。鲜枣含可溶性固形物32%，维生素C含量323毫克/100克，可食率94.2%，耐贮性好。干枣含糖量75%，制干率47%。果核较大，呈纺锤形，含仁率70%。9月下旬进入脆熟期，10月上中旬进入完熟期。

10. 哈密大枣

又称五堡枣，主要分布在哈密五堡镇，从内地引种栽培。是在哈密山南平原区特定气候条件下经过长期驯化而形成的，距今已有200~300年历史。

果形为长椭圆形、扁圆形和近圆形。果大、皮薄、肉厚、核小、色鲜红、汁多、味甜、肉脆，品质极佳，耐贮运。干枣果形饱满、皱缩程度小，制干率52%，是优良的干鲜兼用品种。

11. 喀什噶尔小枣

别名长枣、喀什小枣。集中分布于新疆喀什地区平原绿洲地带。

果实小，呈卵圆形，纵径2.13厘米，横径1.68厘米，单果重3.7克，大小较整齐。果肩平圆，梗洼中深、广，果顶微凹，果面平整，果皮为浅红色。果肉为浅绿色，质地疏松，汁多，味酸，品质中等。鲜枣可食率88.9%。果核大，核重0.41克，含仁率60%左右，可鲜食和制干。

（五）观赏品种

1. 茶壶枣

果实畸形，果实中部或肩部有明显凸起，形似壶嘴和壶把，整个枣形似茶壶，故名茶壶枣。平均单果重7克左右。果皮薄，为紫红色，光泽鲜艳，果肉为绿白色，汁液中多，味甜略酸，斑红果含可溶性固形物24%~25%，鲜食品质中等。7月上旬着色成熟。抗裂果能力强。

树势较强，结果早，坐果稳定，产量高。果实形状奇特美观，有极高观赏价值。

2. 三变红

又名三变色、三变丑，产于河南永城等地。

果实为长椭圆形，大小不整齐，平均单果重18.5克。果面不平整，果实色泽随果实生长发育不断改变，开花后幼果由绿逐渐转为紫红色，约1个月后红色减退，果实变为绿色。进入脆熟期后，果实又由绿白色转为紫红色，故名三变色。果肉为黄白色，疏松汁少，宜制干，制干率60%以上，干枣品质中等，鲜食品质不佳。

树势中等,枝无针刺,果实美观,大部分时间为红色,有观赏价值。

3. 龙爪枣

又名龙枣、龙须枣、蟠龙枣。

果实呈扁柱形,胴部平直,中腰部略凹陷。平均单果重约4克,大小较整齐。果皮厚,果肉质地较粗硬,汁少味淡,鲜食品质差。枣头一次枝、二次枝弯曲不定,或蜿蜒曲折前伸,或盘曲成圈,或上或下,或左或右,犹如群龙狂舞,竞相争斗,意趣盎然。枣吊细长,亦左右弯曲生长,有很高观赏价值。

4. 磨盘枣

别名磨子枣、葫芦枣等,分布于陕西、河北、山东、河南等地。

果实中部凹陷,呈石磨状,故名磨盘枣。平均单果重11克,果皮厚,为紫红色,韧性强。阳面有紫黑斑,果肉为绿白色,质硬略粗,汁少,味较淡,甜,微酸,可溶性固形物含量30%~33%,鲜食品质中下,制干率50.5%,干枣品质中等。果形奇特美观,可供观赏。

5. 葫芦枣

果实中部凹陷,顶部较尖,形似葫芦,故名葫芦枣。果实中大,平均单果重7克左右,鲜食品质中上,制干品质中等。因果形独特,有较高观赏价值。

6. 柿顶枣

别名柿蒂枣、柿萼枣、柿花枣等,分布于陕西大荔。

果实呈圆柱形,果肩圆或尖圆,萼片宿存,随果实发育萼片肉质化,呈五角星状,盖住梗洼和果肩。因形如柿萼,故名柿顶枣。果实平均单果重12克,大小不整齐。果皮厚,果肉较脆,汁液少,制干品质中等,可作观赏用。

7. 胎里红

果实呈卵形或鸡心形,平均单果重6克左右,开花时花心即为红色,之后从幼果至果实成熟整个果实生长期,果实均呈红色,故名胎里红。树势中等,结果早,坐果率高,果皮薄,鲜食品质中等。整个果实生育期色泽艳丽,有很高的观赏价值。

8. 大柿饼枣

原产和分布于山东省宁阳、肥城、兖州等地,数量极少。

果中大,呈扁圆形,如柿饼状或蟠桃,单果重9.6克,大小极不整齐,小果仅5克左右,大果可达20克以上。果面不平,有隆起和8~10条纵行沟纹。果皮厚,呈红色,光泽较差。果肉为绿色,质地致密,汁液少,味甜酸,鲜食品质差。鲜枣维生素C含量710.72毫克/100克,可作观赏用。

南疆红枣的发展优势及意义

第一节　栽培历史

枣在新疆的栽培历史也很悠久，最早可以追溯到公元前。西汉时期（汉武帝时期）上林苑是在秦旧苑基础上建造的。《西京杂记》卷一中记载上林苑里有七种枣："初修上林苑，群臣远方，各献名果异树，亦有制为美名，以摽奇丽者。梨十：紫梨、青梨（实大）、芳梨（实小）……枣七：弱枝枣、玉门枣、棠枣、青华枣、梬枣、赤心枣、西王母枣（出昆仑山）。"由此可以看出西汉上林苑的"西王母枣"来自昆仑山脚下，即现今新疆的南疆地区。这说明，南疆在2100多年前已经有枣种植（本书所述南疆红枣产业，包括哈密和吐鲁番等地的红枣产业）。

《新唐书·地理志》记载："伊州伊吾郡（伊吾即今新疆哈密）……土贡：香枣、阴牙角、胡桐律。"这说明在唐朝时期哈密就有枣的种植，其栽培历史至少在1300年以上。

目前，在喀什阿瓦提乡和哈密五堡镇仍然保存着大片数百年生的古枣树林。这些古枣树仍然枝繁叶茂，硕果累累，见证着南疆红枣的悠久栽培历史。

尽管南疆红枣栽培历史悠久，但一直没有大规模发展，仅在哈密和喀什的个别地方有一定规模。进入20世纪70年代，南疆开始从河南、山西、河北等传统枣产区引进了灰枣、骏枣、赞皇大枣等品种试种，由于独特的地理和气候条件，这些品种在南疆的栽培表现都好于原产地。1988年，新疆维吾尔自治区出台规划，将南疆的洛浦、泽普、疏附3县作为新疆早期的红枣基地。20世纪90年代中期，新疆把建设特色林果基地作为实施优势资源转换战略的一个重要内容，大力推动特色林果基地建设。但这个时期，南疆各地红枣产业发展仍处于摸索阶段，发展缓慢。

巴州（巴音郭楞蒙古自治州）若羌县在经历了红枣种植的起步探索时期之后，于1999年率先确定了大力发展红枣产业的目标，进入2001年以后，若羌红枣产业进入迅猛发展阶段。到2003年之后，种植的红枣陆续开始进入结果期，由于枣果品质好，市场销售供不应求，枣价格不断攀升，枣农亩收入2万~3万元，取得了良好的经济效益和社会效益。若羌取得的巨大成功为南疆发展红枣产业树立了榜样，由此拉开了南疆大规模发展红枣产业的序幕。2005年以后，在巴州、阿克苏、和田、喀什、吐鲁番和哈密等地开始大规模种植枣树，掀起了一股大力发展红枣的热潮。在2006—2010年，南疆红枣面积几乎每年以100万亩的速度扩增，南疆红枣面积直线上升。经过短短的五六年，南疆的红枣面积和产量跃居全国第一位，超越了传统枣生产区上千年的发展历程。红枣在全疆59个县（市、区）广泛种植。自2016年开始，南疆红枣产业发展进入"供大于求"拐点阶段，红枣种植面积开始逐渐下降，但总体产量保持稳定。当前，南疆地区依然是我国规模最大的优质红枣生产基地，在新疆特色林果产业和农业农村经济发展中占有举足轻重的地位。

第二节　南疆发展红枣产业的优势

新疆以天山为界划分成南疆和北疆。天山以南为南疆，天山以北为北疆。南疆一般是指巴州、阿克苏、喀什、和田、克州（克孜勒苏柯尔克孜自治州）等地，本书所指的南疆还泛指吐鲁番和哈密。南疆被昆仑山和天山夹在中间，天山挡住了来自北面的冷气流，昆仑山挡住了来自印度洋的暖湿气流，因此南疆缺水少雨，中间形成了塔克拉玛干大沙漠。

"世界红枣看中国，中国红枣看新疆。"目前南疆是我国乃至世界上最大的红枣栽培中心和生产基地之一。南疆的红枣，无论是从总面积、单产和总产，还是枣果品质、栽培管理的集约化水平、采收和加工的机械化自动化程度等方面，均处在全国首位。

短短十几年，为什么南疆的红枣产业能异军突起，迅速发展起来？为什么南疆能够击败内地所有传统产枣大省，变成一枝独秀？究其原因，南疆发展红枣产业有以下几大优势。

一、得天独厚的气候优势

（一）光照充足，昼夜温差大

南疆地区为温带大陆性干旱气候，年均气温为10.2℃~13.67℃，1月平均气温为-5.9℃，7月平均气温为25.4℃；极端最高气温为40.7℃，极端最低气温为-27.4℃。全年≥10℃积温为4535.6℃。年无霜期平均为179~233天，年平均相对湿度为31%~73%，年蒸发量为2000~3000毫米，年日照时数为3262.7~3688.1小时。由此可以看出，南疆光照充足、光照时间长、有效积温高、昼夜温差大，十分有利于叶片光合作用和果实糖分积累，使南疆红枣果实含糖量高、品质好。这种得天独厚的气候条件正是我国河北、山东、河南、山西、陕西等传统枣产区所不具备的。大量研究表明，尽管南疆的主栽品种灰枣和骏枣都是从传统枣产区引种过来的，但与原产地相比，南疆生产的骏枣、灰枣总糖含量高、总酸含量低，使其具有较高的糖酸比，果实甜酸风味优于原产地；蛋白质、总糖、多糖、总三萜、总黄酮、环磷酸腺苷、不溶性膳食纤维、钙、铁、锌等营养成分含量高于其他地区，具有更高的营养和保健价值。南疆生产的枣果，制干后果形饱满、皮薄肉厚、富有弹性，与其他地区相比，外观品质更好，商品性更高，在市场上更受欢迎。

（二）降雨量少

南疆的年降雨量为18~80毫米，而河北、山东等传统枣产区的年降雨量为400~800毫米。枣最怕在果实成熟季节降雨多、降雨量大、出现连续阴雨天气。因为在果实成熟时，果实含糖量会迅速增高，果实吸水能力增强，此时降雨会导致果实从果面大量吸水膨胀，造成果实开裂。裂果后微生物侵染果肉，导致果实发霉浆烂。南疆地区由于降雨量少，枣裂、果浆烂问题不严重，丰产即能丰收。而传统枣主产区的雨季都是在秋季，正好与枣果成熟季节相吻合，常常因降雨导致大量裂果浆烂，损失惨重，造成丰产不丰收。遇雨裂果浆烂已经成为制约传统枣产区枣生产的最大瓶颈。

由于南疆降雨量少,枣树的病虫害发生少,喷药少。这样不容易造成农药残留,易管理、成本低。

二、优质的自然环境优势

南疆地域广阔、人员密度小,工农业和生活污染少。土壤、空气和水都很干净,几乎无污染。在南疆特别适宜进行绿色、有机枣生产,生产出的枣果安全、优质,在市场销售时易得到消费者的认可。

三、丰富的土地资源优势

南疆除了得天独厚的气候条件之外,还具备丰富的土地资源。环塔克拉玛干沙漠有大量的戈壁、沙滩,地势平坦、一望无尽。尽管这些戈壁沙滩土壤瘠薄、盐碱严重、干旱缺水,但枣树抗旱耐涝、耐盐碱、耐瘠薄能力很强,这些土地正适合枣树在此安家落户健康生长。南疆丰富的戈壁滩资源为枣树的规模化、标准化、机械化生产提供了土地保障。

四、灌溉优势

尽管南疆水资源匮乏,但水质优良,无污染。靠雪山融化的河流和地下水能够保证枣树的生长结果。南疆是灌溉农业,有水的地方就是一片绿洲。肥和水有密切关系,肥是通过水来起作用的,没有水,肥就无法起作用。因为南疆降雨量少,所以可以通过控制灌溉来调控肥的作用,进而调控枣树的生长和发育,从而实现高产、稳产和优质。不像传统枣产区,因为自然降雨多、降雨量大,降雨时间无法控制,通过控制土壤水分来调控枣树生长结果的想法无法实现。灌溉农业成了南疆的优势。

五、稳定的政策优势

新疆维吾尔自治区和新疆生产建设兵团各级党委和政府十分重视红枣产业的发展,制定了南疆特色林果业发展规划,在基地建设、人才培养、技术培训、加工销售、财政补贴、税收等方面出台了一系列扶持红枣产业发展的政策。2003年，在新疆维吾尔自治区南疆农村经济工作会议上，自治区党委、政府提出用5~10年的时间，尽快把南疆地区建成我国重要的特色优势瓜果生产基地，向产业化、集约化、科学化、苗木良种化的方向发展，发展优势、高效现代农业，建成全国林果业基地的宏伟目标。新政办发〔2003〕148号文件中规定，生态林建设有条件的地方可以尽量种植红枣、核桃、山杏等生态、经济兼用树种。2004年8月，自治区党委、自治区人民政府《关于进一步加快林业发展的意见》中，明确制订了新疆林果业的战略发展规划：在环塔里木盆地建成包括红枣在内的1000万亩特色林果产品产业带，到2010年新疆林果种植面积达到1200万亩以上，年产果品1500万吨以上，到2020年新疆林果面积稳定在1500万亩以上，年产果品2000万吨以上，使林果业成为农村经济的支柱产业。南疆各地州按照自己的实际情况也相继制订了各自发展红枣的规划和纲要。例如，若羌在2000年就制定了《若羌红枣产业发展纲要》，巴州党委以巴党办〔2001〕45号文印发《关于且末、若羌有关问题会议纪要》，根据在且末、若羌的调研，就支持两县经济社会发展等问题，作出重要部署，确定"在且末、若羌大力发展红枣产业，在且末县努力形成10万亩红枣种植规模……若羌县力争'十五'末期达到5万亩红枣种植规模，实现人均3亩园"。若羌到2003年春季，已累计种植红枣5.6万亩600万余株，全县农牧民人均拥有枣树600余株。自治区林业局按照自然优势分区，分树种发展林果业，对南疆发展特色林果业进行了区域布局，确定阿克苏地区2010年林果业面积达到260万亩，2020年林果业面积达到350万亩，重点发展以核桃80万亩、红枣70万亩的发展规划。2004年11月，在自治区党委六届八次全委扩大会议上，进一步明确了在南疆环塔里木盆地建成1000万亩特色优质高产林果业产品优势产业带发展规划。

正是有各级领导的高度重视，有强有力政策的连续支持，有领导干部带领群众一任接着一任干，南疆红枣产业才得以高速发展。

第三节　南疆发展红枣产业的意义

一、发展红枣产业可促进南疆农民增收和乡村振兴

南疆红枣的发展给南疆农民带来了巨大的经济效益，在21世纪初的红枣发展初期，红枣亩纯收入超过3万元，在红枣大规模发展时期，枣树亩收入也轻轻松松超万元，红枣成为南疆农民的致富树。在红枣产业的强势拉动下，南疆农民的人均纯收入持续快速增长。在红枣发展鼎盛时期，南疆五地州42个县（市）中有37个县（市）种植红枣。枣面积近800万亩，产量超过380万吨，直接产值超过400亿元。若羌2016年红枣总产量为9.93万吨（干枣6.95万吨），产值达10.5亿元，红枣在若羌农民人均纯收入中占的比重达到68%以上，若羌农民人均纯收入从2001年的2216元增加到2016年的30076元，实现了历史性突破，连续8年居西部12省（区、市）首位。2011年，南疆地区红枣产值占农业总产值的28%。尽管2017年红枣价格下滑，但民丰县和策勒县的红枣收益仍占到了农业收益的20%以上。红枣产业已成为新疆农民增收致富的主导产业，对促进南疆地区农业经济发展有着举足轻重的作用。继续做大做强南疆红枣产业，对提高南疆农民收入、改善农民生活、促进乡村振兴具有十分重要的意义。

二、发展红枣产业可加强南疆民族团结和社会稳定

南疆是一个多民族聚居的地区，主要有维吾尔族、塔吉克族、回族、柯尔克孜族、汉族等多个民族，各民族独特的生活习俗和艺术风情，构成了南疆绚丽多彩、极具浓郁民族特色的人文景观。但南疆大多数地区自然条件恶劣、水土资源匮乏、经济社会发展水平滞后，农业生产是农民收入的主要来源。红枣产业链包括种植管理、采收、加工、销售等环节，每个环节都需要大量劳动力参与。在南疆大规模种植红枣，大力发展红枣产业，对促进当地少数民族人员就业、提高当地少数民族收入、改善少数民族生活、加强民族团结、保障社会

和谐、促进社会稳定均具有重要的现实意义。

三、发展红枣产业可为国家粮食安全提供保障

枣是重要的木本粮食和铁杆庄稼。与其他果品比较，枣含糖量高（见表2-1），产生热量大（见表2-2），可以作为粮食来充饥。100克枣果肉热量为309千卡，与小麦粉、大米相近，是名副其实的木本粮食。枣树抗旱、耐涝、耐盐碱、耐瘠薄，适应性很强；枣结果早、产量高，亩产可达1200千克以上，丰产、稳产性强，旱涝保丰收，故被称为"铁杆庄稼"。枣是我国木本粮食优先发展的树种，在我国木本粮食发展战略中占有十分重要的地位。

表2-1　枣与其他果品含糖量的比较

果品名	含糖量（%）	果品名	含糖量（%）
干枣	60~80	梨	10~13
鲜枣	23~34	猕猴桃	8~14
柑橘	11~13	桃	7~15
苹果	10~14	杏、李	7~10

表2-2　枣果与其他粮食和果品产生热量的比较

名称	热量（千卡/100克）	名称	热量（千卡/100克）
干枣	309	板栗	212
小麦粉	341	核桃	627
大米	346	苹果	52
玉米	336	香蕉	91
小米	358	梨	44
鲜枣	122	猕猴桃	56

四、发展红枣产业是大健康产业的需要

枣含有丰富的营养物质，是药食同源产品。枣具有重要的营养和医疗保健价值，是我国传统的中药材，很多中药方剂中都有枣这味药。枣也常被用作药

引子在煎药的时候放入。我国劳动人民自古以来一直有吃枣的传统习惯，熬小米粥、煲汤、蒸年糕、包粽子都要放红枣。"一日三个枣，长生不见老""五谷加红枣，胜过灵芝草""姑娘要想皮肤好，煮粥莫忘放红枣"，这些谚语都说明红枣有滋补养颜、健身强体、延缓衰老的奇特功效。红枣与不同食材搭配可以组成多种食疗药膳，如甘麦大枣汤、红枣木耳汤、红枣桂圆粥、秋梨膏、大枣乌梅汤、山药大枣粥等上百种。食用后可以对症祛病、提高人体免疫力，或增强体魄，防病于未然。

大健康产业是我国未来的优势主导产业，据估测，到2035年大健康产业将占到我国GDP的一半左右，达到100万亿元。随着我国大健康产业的不断发展，市场对枣的需求量将会越来越大。

五、发展红枣产业是生态建设的需要

由于枣树抗逆性和适应性非常强，既可以栽植在良田好地上，也可以在丘陵山区、沙荒盐碱地、庭院栽植。枣树既是高效的经济树种，又是良好的生态树种，是"上山下滩，不与粮棉争地"的理想树种，发展枣树对绿化荒山、防风固沙、防止水土流失具有重要的意义。南疆地区是我国生态环境最恶劣、土地沙漠化最严重的地区，主要为沙漠荒地，土壤瘠薄、干旱缺水，生态脆弱。而枣树正好耐旱、耐瘠薄，生命力顽强，是节水节肥树种，在南疆大力发展红枣产业，可以使沙漠变绿洲，对减少沙尘天气、改善南疆生态环境具有十分重要的现实意义。

南疆红枣栽培现状

第一节　国外枣栽培现状

枣原产我国，在我国栽培历史悠久。在很早以前我国的枣树就被引种到周边国家，如朝鲜、日本、俄罗斯、阿富汗、印度、巴基斯坦等国，之后传至伊朗、伊拉克、斯洛文尼亚、意大利、罗马尼亚、英国、美国、澳大利亚等国，目前国外已知有枣分布的国家有50多个。1837年，Robert Chisholm首次把枣苗从欧洲带到了美国，种植在北卡罗来纳州的博福特（Beaufort）。1876年G. P. Rixford把枣从法国南部带到加州的索诺玛山谷及周边各州。到1901年，枣沿着墨西哥湾从亚拉巴马州到路易斯安那州进行少量种植。一开始美国从欧洲引进的都是实生苗，直到1908年，Frank Meyer才首次从中国把枣品种引到美国，之后他又三次到中国共引进了83个枣品种。目前，美国的枣品种除了从中国等国家引进外，自己也培育了一些品种。意大利很早就有枣的分布，1995年，Ferdinando Cossio又从中国引进了不落酥、白枣、壶瓶枣、美蜜枣、赞皇大枣等品种进行试种。

尽管国外很早就有枣的引种，但由于种种原因，枣在国外的发展仍然很慢，只有韩国、伊拉克和美国等地有一定的栽培面积。韩国枣面积约有10.5万亩，虽然栽培面积不大，但枣生产管理尤其是产品包装、加工水平较高，值得我们借鉴。

近些年，一些国家开始对我国鲜食枣感兴趣，美国、澳大利亚、意大利、罗马尼亚等国家开始寻求与我国合作在当地发展枣树。

总之，我国一直是枣生产大国，目前我国枣树的栽培面积和产量仍占世界的99%以上，遥居世界之首，国内外枣市场几乎被我国独占。

第二节　我国传统枣产区栽培现状

一、我国枣分布现状

（一）枣树对自然条件的要求

枣树对气候和土壤的适应能力很强，限制枣树分布范围的主要因素是低温，很多地方由于温度过低无枣树分布。凡是冬季最低气温不低于-31℃、花期日均温度稳定在22℃以上，果实生育期大于100天，土壤厚度在30~60厘米，排水良好，酸碱度为5.5~8.4，土表以下5~40厘米土层单一盐分，如氯化钠低于0.15%、碳酸氢钠低于0.3%、硫酸钠低于0.5%的地区，都能栽种枣树。

我国枣产区的分布极为广阔，大致在北纬23°~42.5°、东经76°~124°的区域，其栽培地区的北缘从我国东北地区辽宁的沈阳、朝阳，经河北的张家口，内蒙古的宁城，沿呼和浩特到包头大青山的南麓，宁夏的灵武、中宁，甘肃河西走廊的临泽、敦煌，直到新疆的昌吉；最南到广西的平南、广东的郁南等地；最西抵新疆西部的喀什、疏附；最东到辽宁的本溪和东部沿海各地。

在垂直分布方面，枣在高纬度的东北地区、内蒙古地区多分布在海拔200米以下的丘陵、平原和河谷地带；在低纬度的云贵高原，可以生长在海拔1000~2000米的山丘坡地上；而华北、西北等重要产区，枣主要分布在海拔30~800米的平原、丘陵山区。一般说来，在低纬度地区，枣分布的海拔较高，而在高纬度地区则分布较低。但在华北和西北的个别地区，枣也可分布在海拔1000米以上，最高达海拔1800米处的地带。

（二）我国枣产区的划分

根据我国气候、土壤、品种特点和栽培管理情况，可将枣的产区划分为南北两个大区，每个大区又可分为三个栽培区域。

1. 北方产区

包括淮河、秦岭以北的地区，与南方产区的分界线大致与年均温15℃等温线吻合，降雨量在650毫米以内。该枣产区枣树品种资源丰富，类型复杂，果实干物质多，含糖量高，适于制干红枣。该产区产量占全国总产量的75%～90%。按自然条件的差异，北方产区可分为三个栽培区。

（1）黄河、海河中下游河流冲积土枣区

栽培历史悠久，是我国历来最重要的枣树栽培区，本区在地理上属于暖温带半湿润区，是北方枣产区中自然条件最优越的地区。该区海拔较低，多在200～600米。夏季温度较高，7月平均温度在28℃～29℃，9月枣成熟期日温差较大。年降雨量在450～600毫米，大部分集中在7—9月，枣区多分布在河流冲积地带和低山丘陵区，包括辽宁西南部，河北、山东、河南的全部，山西中南部，陕西中部。栽培集中，品种资源极为丰富，枣果品质优良，重要产区有河北的黑龙港流域、太行山区；山东的鲁西北平原，泰沂山区；河南的豫中平原；山西的汾河流域，涑水河流域，漳河流域；晋南黄河沿岸，滹沱河沿岸和五台山区；陕西的渭河平原；等等。主要栽培品种有品质优良的金丝小枣、无核枣、圆铃枣、板枣、赞皇大枣、灰枣、鸡心枣、晋枣、灵宝大枣等；还有耐瘠薄、丰产稳产的长红枣、婆枣；抗枣疯病的婆婆枣、屯子枣及抗裂果的斑枣等。在本区中，由于栽培规模大，集中成片，并连成数十千米甚至上百千米的枣树林网，常与粮、棉、油等作物间作，在当地农业生产中占有重要的经济地位。

（2）黄土高原丘陵枣区

属暖温带干旱区，海拔一般为600～800米，雨水较少，年降雨量为380～400毫米，大部分集中在秋季，夏季气温较低，7月平均温度在24℃左右，土壤肥力较差，栽培管理较粗放。主要包括山西西北部和陕西东北部黄河沿岸，本区为我国枣树栽培起源地，历史悠久，有数百年乃至上千年树龄的古树甚多，品种较多，一般品质较前区差，但抗逆性较强。主要品种有木枣、油枣、崖枣等及其变异品系。

（3）甘肃、内蒙古、宁夏、青海、新疆干旱地带河谷丘陵枣区

该区是北方地区枣树分布的边缘地区，属温带干旱区，海拔较高，常在1000米以上，土壤较贫瘠，年平均温度在10℃左右，7月平均温度为22℃～23℃，

年温差常达29℃以上,雨量稀少,年降雨量仅200~300毫米,甚至更少。枣树分布以沿河地带为主,靠灌溉供水,多零星栽培,管理粗放,集中产区很少。品种单纯,果实品质较差,含糖量、制干率都较低,但有些地区,因气候较好,日照充足,灌水条件好,枣果品质良好。如南疆的阿克苏、喀什引种的金丝小枣、灰枣、赞皇大枣,都表现出品种独特的品质。该产区包括甘肃河西走廊、宁夏北部,内蒙古大青山以南地区,青海湟水河谷和新疆南部低海拔河谷地区。

2. 南方产区

该产区指淮河、秦岭以南地区,年平均气温在15℃以上,年降雨量超过700毫米,土壤多呈微酸性和酸性。枣树品种数量较少,品质一般不如北方,多用于加工蜜枣或鲜食。按自然条件差异,也可分为三个栽培区。

(1)江淮河流冲积土枣区

该区属北亚热带,年平均气温在15℃~16℃,7月平均温度在28℃左右,年降雨量在700~1000毫米,处于南北两大产区交界地带,枣树分布在平原地区,栽培零散,数量不多,管理粗放。包括安徽北部,江苏北部,湖北北部以及甘肃、陕西南部等地。栽种品种在南方产区中是较多的,但主栽品种不明显,多数为鲜食制干兼用品种,品质一般较差,优良品种有泗洪沙枣、濉溪苹果枣、随县大枣等。

(2)南方丘陵枣区

该区指长江以南丘陵地区,属中亚热带和南亚热带,温度较高,生长期长,日温差小,年均气温在16℃~22℃,7月平均温度在28℃左右,年降雨量多在1000毫米以上,地形复杂,土壤较黏,偏酸性。栽培管理较细致,重视培肥,产量较高,而且有加工蜜枣的传统,经验丰富,是南方产区中心地带。包括安徽、江苏南部、湖南、江西、广西、广东、福建以及台湾等地。主要品种有义乌大枣、马枣、宣城尖枣、圆枣、灌阳长枣等。

(3)四川、重庆、贵州、云南枣区

该区包括四川盆地和云贵高原,气候条件常随海拔变化而有很大差异,一般海拔低的多为亚热带气候,年平均气温多在16℃~20℃,夏季酷热,多雾日,海拔在1300~1500米的则为温带气候，年平均温度在11℃~15℃，夏季气温较低，平均24.5℃~25.5℃，年降雨量800~1200毫米，多阴雨天气，日照较差；土壤酸性，土质较黏重。枣树栽培数量不多，分布极为零星，品种单纯，管理粗放，主要产区有四川及重庆沿长江各县，滇北和滇中及黔西北各县。主要品种有木洞小甜枣、涪陵鸡蛋枣、宜良枣等。

二、我国传统枣产区栽培现状

我国传统枣产区主要包括山东、河北、河南、山西、陕西、甘肃、辽宁、北京等省（区、市）。

（一）山东省

山东省枣的栽培历史悠久，已有2500余年，至今山东乐陵金丝小枣千年古树生产林仍郁郁葱葱、硕果累累。山东庆云还保留着我国最古老的枣树"唐枣"，树龄1600余年。

历史上山东省一直是我国产枣大省，在发展鼎盛时期，年产量超过100万吨，2014年达到产量顶峰，为118万吨，多次排名全国第一。然而，随着南疆红枣产区和陕西设施鲜食枣产区的异军突起，山东省红枣产业受到全面冲击，效益下降，产量逐年下降。2015—2020年，由年产枣107.25万吨下降到59.3万吨，产量减少近一半。

1. 山东省枣产区的划分

根据山东省各地的气候条件和土壤特点，山东省划分为六个枣区：鲁北平原区（包括德州、滨州、聊城北部和东营北部）、鲁西平原区（包括聊城南部、菏泽、济宁市南四湖以西的各县和德州齐河以及济南济阳南部）、鲁中南山地丘陵区（包括泰安、莱芜、淄博、枣庄、济宁南四湖以东、济南黄河以南各县和临沂绝大部分地区）、胶莱河谷平原区（包括潍坊大部分地区、东营东部、烟台莱州、青岛平度，为河谷冲积平原）、半岛西部丘陵区（包括烟台大部分地区、日照西部、青岛胶南）、半岛东部丘陵区（包括威海、烟台东部、日照东部）。

2.山东省枣主栽品种

鲁北平原区主栽品种为冬枣、沾冬2号、金丝小枣、金丝4号、无核小枣等，面积和产量分别占全省的79.1%和77.8%；鲁西平原区主栽品种为圆铃枣、成武冬枣等；鲁中南山地丘陵区主栽品种为圆铃枣、长红枣、枣庄脆枣、伏脆蜜等；胶莱河谷平原区主栽品种为金丝4号、临朐脆枣等；半岛西部丘陵区和半岛东部丘陵区枣的栽培较少，主要栽培品种为威海京枣等。

（二）河北省

河北省枣的栽培历史悠久，是我国传统的枣生产大省。在发展鼎盛时期，年产量也超过100万吨，多次与山东省轮换着排名全国第一。同样随着南疆红枣产业的迅速发展，河北省红枣产业受到严重冲击，面积和产量逐年下滑。

1.河北省枣产区划分

河北省枣产区主要划分为：冀中东部平原区（主要为沧州市的沧县、献县、河间、盐山、黄骅、青县、南皮等）和冀西部太行山区（主要为石家庄的赞皇、行唐，保定市的阜平、唐县、曲阳）。

2.河北省枣主栽品种

冀中东部平原区主栽品种为金丝小枣（约80万亩）和冬枣（约20万亩）。冀西部太行山区主栽品种为赞皇大枣（约30万亩）和婆枣（约70万亩）。

（三）山西省

山西省枣栽培历史悠久，至今已有7000多年，晋陕黄河中下游地区为世界枣和酸枣的最早起源地。《尔雅》中记载："洗，大枣。"郭璞注曰"今河东猗氏县出大枣，子如鸡卵"，即指山西省运城市临猗县的梨枣。《史记》中记载"安邑千树枣，……其人皆与千户侯等"，安邑即指山西省夏县。

与河北、山东情况一样，山西省的枣生产也同样受到南疆红枣产业崛起的影响而逐渐衰落。鼎盛时期，山西枣总面积高达500万亩以上。由于制干品种效益下滑，弃管刨树现象严重。截至2021年，制干品种面积至少缩减了100万亩，2021年统计山西制干品种总面积为385万亩。与制干品种相反，近些年山西鲜食枣品种的面积不断扩大，鲜食枣品种的面积约有50万亩。

1. 山西省枣产区划分

根据地理位置和气候生态条件，山西主要分为七大枣区，即运城盆地涑水河、汾河流域枣区（包括临猗县、盐湖区、永济市、夏县、稷山县、万荣县、河津市等地），晋西吕梁山沿黄枣区（包括河曲县、保德县、兴县、临县、柳林市、石楼县、永和县等地），中条山南麓丘陵沟壑枣区（包括平陆、芮城等地），晋中汾河流域枣区（包括榆次区、太谷县、平遥县等地），临汾汾河流域枣区（包括襄汾县、尧都区、洪洞县等地），晋东南太行山枣区（包括平顺县、黎城县、长治市、武乡县等地），忻定盆地滹沱河枣区（包括定襄、原平市、忻府区、五台县等地）。

2. 山西省枣主栽品种

运城盆地涑水河、汾河流域枣区主要品种为冬枣、临猗梨枣、板枣、圆枣、条枣等；晋西吕梁山沿黄枣区主要品种为木枣、油枣、崖枣、团枣等；中条山南麓丘陵沟壑枣区主要品种为屯屯枣、尖枣等；晋中汾河流域枣区品种有壶瓶枣、骏枣、郎枣、团枣、牙枣等；临汾汾河流域枣区品种有官滩枣、木枣、团枣等；晋东南太行山枣区品种为骏枣、笨枣等；忻定盆地滹沱河枣区品种包括绵枣、木枣等。

（四）河南省

河南省枣栽培历史悠久，在河南新郑、内黄、灵宝等多地都有树龄千年以上的古枣树林。河南也曾经是我国传统产枣大省，南疆红枣产业的迅速发展，给河南枣生产带来毁灭性打击，新郑、内黄等枣产区大面积枣树被毁，枣面积和产量急剧下滑。新郑市鼎盛时期灰枣面积约15万亩，2020年仅有4万亩。2020年，河南省枣产量仅为16.28万吨。

1. 河南省枣产区的划分

河南省枣产区划分为3个枣区，即新郑枣区（主要包括新郑市的孟庄、薛店、郭店、龙王、八千、和庄、新村、龙湖等8个乡镇）、内黄枣区（主要包括内黄县的城关镇、张龙乡、马上乡、东庄乡、高堤乡、卜城乡、井店乡、二安乡、六村乡、后河镇、梁庄镇和中召乡）、灵宝枣区（主要包括大王、函谷关、西阎、故县、豫灵等乡镇）。

2. 河南省枣主栽品种

新郑枣区主栽品种为灰枣、鸡心枣，还有六月鲜、九月青、尖脆枣、冬枣、梨枣等。内黄枣区主要种植品种为内黄大枣，占90%以上，具有适生性强、极耐寒、耐旱、耐瘠薄、耐盐碱等特性，且有易管理，丰产又稳产等优点。其他品种有九月青、核桃纹、铃铃枣、布袋枣、老婆枣、苹果枣等。灵宝枣区主栽品种为灵宝大枣。

（五）陕西省

陕西省是我国枣的起源和栽培中心，栽培历史悠久，至少在7000年以上。陕西不少地方保存有千年以上的古枣树和古酸枣树，数百年生的古枣树林随处可见。该省也是我国枣传统生产大省，同样受到南疆红枣产业的冲击，导致种植枣的经济效益严重下滑，弃管和毁树现象严重。

1. 陕西省枣产区划分

陕西省枣产区划分为四个产区，即陕北黄河沿岸产区（包括榆林市的府谷、神木、佳县、吴堡、绥德和清涧6个县以及延安市的延川县等）、关中东部洛河产区（主要在蒲城东部洛河沿线一带）、石川河沿岸阎良相枣产区（主要在阎良石川河沿线一带的相桥、康桥和武屯等乡镇）和大荔鲜食枣产区（主要包括大荔县安仁镇、赵渡镇、许庄镇、平民镇等18个乡镇）。

2. 陕西省枣主栽品种

陕北黄河沿岸产区主栽品种为木枣，约占该区总面积的80%；团枣约占总面积的10%；另外有牙枣类、脆枣类、狗头枣等。其中，品质好的品种有佳县油枣、方木枣、陕北长枣、延川狗头枣等。

关中东部洛河枣产区主栽品种为直社疙瘩枣。石川河沿岸阎良相枣产区主栽品种为阎良相枣。大荔鲜食枣产区主栽品种为冬枣，2022年面积达42万亩，其中设施冬枣面积38万亩。

（六）甘肃省

甘肃枣栽培历史也很悠久，汉代的《西京杂记》、元代的《打枣谱》、明代的《群芳谱》都记载了玉门枣品种。至今在敦煌、临泽和民勤等地仍有数百年生的古枣树。

1. 甘肃枣产区划分

甘肃枣产区可划分为三个产区，即陇东黄土高原枣产区（主要包括宁县、灵台县）、陇中部沿黄灌区枣产区（包括西固区、永靖县、景泰县和靖远县）、河西内陆河流域枣产区（包括临泽、敦煌、武威、民勤等县市）。

2. 甘肃枣主栽品种

陇东黄土高原枣产区主栽品种为宁县晋枣（九龙金枣）、宁县夏枣、庆阳药葫芦枣、狗牙枣、灵台红枣以及近年来引进栽培的骏枣、六月鲜、大雪枣等。陇中部沿黄灌区枣产区主栽品种为小口枣、兰州圆枣、兰州坛坛枣，以及近年来引进的灰枣、骏枣、大王枣、七月鲜、壶瓶枣等。小口枣是甘肃优良枣品种。河西内陆河流域枣产区主栽品种为临泽小枣、临泽大枣、敦煌大枣、鸣山大枣、民勤小枣、民勤大枣，以及近年来引进的新郑灰枣、马牙枣等。

（七）宁夏回族自治区

宁夏枣的栽培历史至少在千年以上，如今不少地方生长有数百年树龄的古枣树。

宁夏的枣主栽品种有同心圆枣、灵武长枣和中宁圆枣。

同心圆枣又名中卫大枣，是宁夏中部干旱带上的一个古老地方品种。主要分布在中卫市沙坡头区的南北长滩、中宁县的喊叫水乡和同心县王团镇，有500年栽培历史，在中卫沙坡头和同心王团镇仍保存有350多年树龄的古树。

鲜食主栽品种为灵武长枣（即宁夏长枣，别名马牙枣）和中宁圆枣（又名宁夏圆枣、宁夏小圆枣、小圆枣）。灵武长枣原产宁夏灵武市东塔镇园艺村一带，栽培历史有800多年，该品种集中栽培在灵武市，在吴忠市利通区、青铜峡市、中卫市中宁县和沙坡头区，石嘴山市大武口区和平罗县等也有栽培。

（八）辽宁省

辽宁省重点枣产区在朝阳市。主栽品种为大平顶、小平顶、凌枣和锦州木枣；新品种有金铃圆枣、金铃长枣等。朝阳市枣面积在鼎盛时期约有60万亩，年产量约17万吨。由于受南疆红枣产业的冲击，其枣面积不断缩减，产量下降，目前产量仅为7万~8万吨。

（九）安徽省

安徽枣主要分布在皖南丘陵山地，如宣城水东、郎溪、广德、马鞍山当涂、歙县、繁昌、贵池，江淮之间的合肥、巢湖、安庆，皖北有宿县、阜阳、濉溪等地。

主栽品种为宣城圆枣、宣城尖枣、繁昌长枣、贵池冬瓜枣（西山焦枣）、歙县马枣等；鲜食品种为玉铃铛、李府贡枣、皖枣1号等。

（十）云南省

云南主产区分布在蒙自、元谋、宾川、元江、宜良、建水、永仁等县（市、区）。主栽蒙自小枣、金丝小枣、青枣（毛叶枣）等品种（种）。

（十一）北京市

北京是古代枣树栽培中心之一，部分品种在当地有千年以上的栽培史，如白枣、酸枣、无核枣和葫芦枣等。自建都以来，外地来北京定居的人们带来了家乡的枣树，使北京聚集了全国各地的优良枣树品种。其中鲜食品种居多，如鸡蛋枣、长辛店白枣、嘎嘣脆、马牙枣和苹果酸枣等，制干品种占比少，如密云小枣、香山小枣和缨络枣等。

北京地区主栽品种为鲜食品种，如马牙枣、嘎嘣脆、红螺脆、苏子峪枣、京枣39和冬枣等。马牙枣主要分布在房山区、昌平区和怀柔区；嘎嘣脆枣主要在密云区栽植；冬枣主要栽植在大兴区和通州区；红螺脆枣主要分布在怀柔区；苏子峪枣主要分布在平谷区；其他各区栽植的枣树均是多品种混合；京枣39鲜食品种在北京各区均有栽植。

第三节　南疆红枣栽培现状

一、南疆红枣总产量

（一）四十多年间全国枣总产量

据统计，1978年我国枣总产量为34.885万吨，2021年全国枣总产量为740.167万吨。40多年来，我国枣产量增长了约20倍。如图3-1所示，从图中曲线可以看出，枣产量的变化大概可以分为四个阶段。第一阶段为1978—1990年，枣产量增长缓慢；第二阶段为1990—2006年，枣产量增长较为迅速；第三阶段为2006—2016年，枣产量急剧上升，达到最高峰，2016年全国枣总产量达到824.1万吨；第四阶段是2016年后，出现较大幅度下降，之后产量有升有降，变化幅度不大。

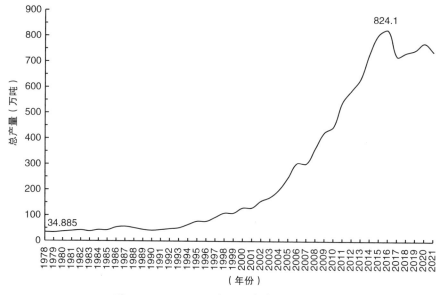

图3-1　1978—2021年全国枣产量变化曲线

（二）20多年间南疆红枣产量

如图3-2所示，2005年之前，南疆红枣产量很低，2000年，南疆红枣产量仅为0.7131万吨，到2005年产量才2.862万吨。2005年之后开始增加，到2008年开始直线上升，2020年达到产量顶峰，产量达到381.245万吨，占当年全国枣总产量的49.31%。

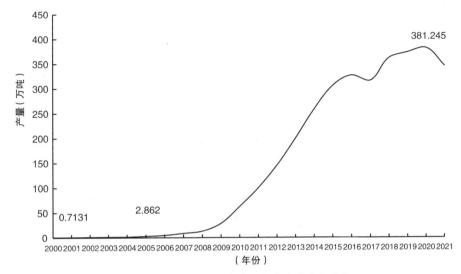

图3-2　2000—2021年南疆红枣产量变化曲线

20余年间，南疆与我国其他枣主产区枣产量的变化见图3-3，从图中可以明显看出，2012年南疆红枣产量开始超过了当时产枣第一大省河北省，自此以后南疆红枣产量一直飙升，将我国历史上五个传统产枣大省河北、山东、河南、山西和陕西远远地甩在了后面。随着南疆红枣产量的迅速增加，其他产区枣产量增长缓慢或开始不断下滑。河南枣产量从2013年之后就开始一直下滑，2021年的产量下滑到14.89万吨，比其2013年历史上最高产量41.55万吨下降了61.16%。河北和山东在2016年之后出现大幅度下滑。山西枣产量从2015年也出现下滑趋势，仅陕西枣产量保持缓慢增长趋势。总之在2009年之后，南疆红枣产量快速呈直线上升，在2012年夺得第一名之后，一直稳居第一，在2020年产量达到高峰。从产量的变化可以看出，随着南疆红枣的崛起，很快就出现了"西进东退"的局面，传统产枣大省在与南疆红枣的竞争中很快出现颓势，生产不断萎缩，产量大幅度下降。伴随着传统枣产区生产萎缩下滑，出现了我国南疆在枣生产方面一枝独秀的局面。

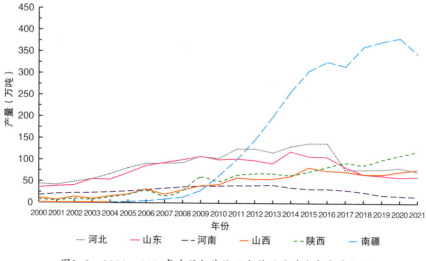

图3-3　2000—2021年南疆与其他五个传统主产省枣产量比较

（三）2021年和2020年南疆与其他枣产区产量对比

如表3-1所示，2021年，全国枣总产量为740.167万吨，比2020年减少了32.972万吨，减少了4.26%。2021年，枣产量排在前五名的分别是新疆、陕西、山西、河北和山东。这5个地区枣产量占全国枣产量的91.24%，其中南疆红枣产量占全国的46.67%（见图3-4）。

表3-1　2021年和2020年新疆与其他省（区、市）枣产量

序号	省（区、市）	2021年产量（万吨）	2020年产量（万吨）	对比增减产量（万吨）	同比增减百分比（%）
1	新疆	345.408	381.245	−35.837	−9.40
2	陕西	119.032	109.914	9.119	8.30
3	山西	77.241	72.105	5.136	7.12
4	河北	72.856	81.477	−8.621	−10.58
5	山东	60.803	59.297	1.506	2.54
6	河南	14.891	16.284	−1.393	−8.55
7	辽宁	11.036	12.289	−1.253	−10.20
8	甘肃	8.986	9.380	−0.393	−4.20
9	宁夏	7.699	8.203	−0.504	−6.15

续表

序号	省(区、市)	2021年产量(万吨)	2020年产量(万吨)	对比增减产量(万吨)	同比增减百分比(%)
10	天津	3.335	3.375	−0.040	−1.18
11	湖南	3.335	3.226	0.109	3.38
12	广西	3.180	3.116	0.065	2.07
13	湖北	2.543	2.656	−0.112	−4.23
14	安徽	2.494	2.395	0.100	4.16
15	云南	2.049	2.731	−0.682	−24.98
16	四川	1.837	1.817	0.020	1.08
17	内蒙古	0.975	0.693	0.282	40.74
18	重庆	0.754	1.113	−0.359	−32.22
19	贵州	0.674	0.562	0.112	19.87
20	北京	0.462	0.726	−0.265	−36.44
21	江苏	0.420	0.306	0.114	37.14
22	浙江	0.142	0.144	−0.001	−0.75
23	上海	0.014	0.017	−0.003	−17.85
24	全 国	740.167	773.139	−32.972	−4.26

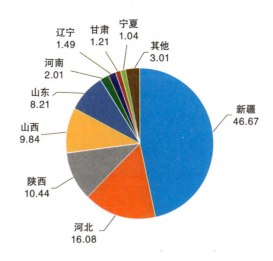

图3-4 2021年我国各省(区、市)枣产量占全国总产量的百分比(%)

二、南疆红枣面积

在21世纪初，若羌发展红枣产业取得了巨大成功，为南疆红枣发展树立了榜样。在巨大经济效益的吸引下，在各级党委、政府的领导与支持下，南疆很快掀起了发展红枣产业的热潮，南疆枣树面积迅速扩大，从2005年开始大规模发展，用了五六年的时间发展到600万亩，一跃成为全国第一。这期间，南疆平均每年以100多万亩的速度发展。其发展规模之大、速度之快历史罕见，创造了我国乃至世界林果发展史上的奇迹。南疆只用了短短数年时间就超过了传统产枣大省上千年发展的规模。南疆红枣不仅发展速度快，而且发展质量也高。2005年以后，南疆主要采用的是高密度直播建园方式，第一年直播酸枣种子，第二年春季嫁接，嫁接当年亩产可超过700千克，亩收入超万元，第三年进入盛果期，产量超过1000千克。在巨大的经济效益的推动下，南疆枣树面积一直持续增长，到2016年达到757.5万亩的顶峰（见图3-5）。之后由于枣价格下滑，经济效益下降，南疆出现毁树刨树现象，枣树面积开始持续下滑，到2020年降至621万亩。

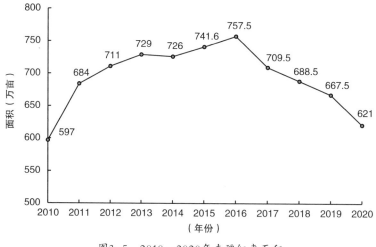

图3-5　2010—2020年南疆红枣面积

2015年，南疆枣树面积为741.6万亩，已接近顶峰。如表3-2所示，南疆红枣主要分布在喀什、阿克苏、和田和巴州。首先是喀什地区，其面积最大，占南疆红枣面积的29.05%；其次是阿克苏地区，占22%以上；再次是和田，占10.98%；巴州占8.44%。哈密和吐鲁番面积较少，分别占总面积的4.44%和1.87%；克州面积最少，仅占0.42%。生产建设兵团的红枣分布在喀什、阿克苏、和田和巴州等地，合计面积为165.4万亩，占总面积的22.3%。

表3-2　2015年南疆各地州红枣面积和产量

地区	种植面积（万亩）	产量（万吨）	面积占比（%）	产量占比（%）
喀什地区	215.4	53.6	29.05	17.57
阿克苏地区	166.9	59.2	22.51	19.40
生产建设兵团	165.4	161.9	22.30	53.06
和田地区	81.4	9.7	10.98	3.18
巴音郭楞蒙古自治州	62.6	15.6	8.44	5.11
哈密市	32.9	3.3	4.44	1.08
吐鲁番市	13.9	1.5	1.87	0.49
克孜勒苏柯尔克孜自治州	3.1	0.3	0.42	0.10
合计	741.6	305.1	100	100

随着南疆红枣面积的不断扩大，产量的迅速提高，南疆红枣的价格不再居高不下。从2012年开始其价格不断下滑，到2016年左右南疆红枣价格几乎探底，种植红枣收入不高甚至出现亏损，严重打击了枣农管理的积极性，开始出现弃管甚至毁树刨树现象。到2020年，南疆红枣种植面积比2016年的最高峰时期减少了136多万亩。

三、南疆主栽品种

目前，南疆主栽品种主要为灰枣和骏枣，其次为哈密大枣、赞皇大枣和冬枣等品种。其中灰枣约占75%，骏枣约占22%。哈密市则以种植哈密大枣为主。冬枣总面积约为8万亩，近几年新发展了一部分蟠枣，但因蟠枣易受冻害、易裂果以及缩果病发生严重等原因，发展势头显著减缓。

尽管南疆红枣栽培历史也很悠久，但由于栽培面积一直不大，历史上形成的当地品种资源不多，目前南疆的枣主栽品种主要是从传统枣产区引入。10年前，在南疆红枣发展高峰时期，南疆各地相继建立了20余个枣品种资源圃，从全国各地收集保存枣品种。后来这种品种资源圃多数被嫁接改造成生产园。至今仍保持正常管理运营且有一定规模的枣品种资源圃有6个，分布在泽普县、阿拉尔市、阿克苏试验林场、阿克苏红旗坡农场、新和县、麦盖提县等地，累计保存枣品种资源约400份。

南疆红枣育种工作起步很晚，种质创新与利用进展较慢。截至2020年，新疆通过自治区林木良种审（认）定的枣品种有20余个，大多数是通过优选从传统枣产区引进品种中选育的芽变品种，如灰实2号、羌灰3号、赞新大枣等。这些新品种在生产上推广面积不大。

如表3-3所示，和田地区以骏枣为主，灰枣栽培较少。阿克苏地区以灰枣为主，骏枣为辅。巴州地区的若羌和且末以灰枣为主。哈密大枣主要在哈密市栽培。

表3-3 南疆主要枣产区主栽品种

枣产区		主栽品种	其他品种
喀什地区	喀什市	骏枣、灰枣	冬枣、蟠枣
	麦盖提县	灰枣、骏枣	—
	巴楚县	骏枣、灰枣	—
	莎车县	骏枣、灰枣	—
阿克苏地区	阿克苏市	灰枣、骏枣	阿拉尔圆脆枣、冬枣
	库车市	灰枣、骏枣	—
	柯坪县	灰枣、骏枣	—
	沙雅县	灰枣、骏枣	—
	温宿县	灰枣	骏枣、七月鲜
	阿拉尔市	赞皇大枣、灰枣	冬枣、蟠枣
和田地区	和田县	骏枣	灰枣
	民丰县	骏枣	灰枣
	洛浦县	骏枣	灰枣
	墨玉县	骏枣	灰枣
	于田县	骏枣	灰枣
	策勒县	骏枣	灰枣

续表

枣产区		主栽品种	其他品种
巴州	若羌县	灰枣	骏枣、赞皇大枣
	且末县	灰枣	赞皇大枣
	尉犁县	骏枣、灰枣	—
	库尔勒市	骏枣、灰枣	冬枣
吐鲁番市	鄯善县	灰枣	—
	托克逊县	灰枣	冬枣、蜂蜜罐
哈密市	哈密市	哈密大枣	赞皇大枣、骏枣、灰枣

四、南疆红枣主要栽培模式和特点

南疆红枣栽培模式主要为矮化密植、宽行栽培、乔化稀植三种,有些鲜食品种为了提前上市,采用温棚或冷棚栽培模式。

(一)矮化密植栽培模式

2006年以来,新疆开始推广直播酸枣建园和高密度丰产栽培模式,高密度矮化密植枣园逐渐成为常规模式。直播建园的1~3年生幼龄园株距为0.25~0.4米,行距1.0米×2.0米,随着枣树树冠扩大和结果枝增多,逐年将苗移栽,将株行距调大。由于灰枣和骏枣生长、结果习性不同,两个品种调整后株行距有很大不同。灰枣以宽行栽培为主,株距调整到1.5~2.0米,行距调整到4.0~5.0米;骏枣仍以矮化密植栽培为主,株距1.0~1.5米,行距2.0~3.0米。枣矮化密植栽培模式集约化管理水平较高,结果早,产量高,是骏枣和设施冬枣最普遍的栽培模式。该模式株距0.7~1.5米,行距2.0~3.0米,树高1.5~2.5米,树形采用开心形或主干形。

(二)宽行栽培模式

宽行栽培模式是从矮化密植栽培模式演变而来的一种新的栽培模式,为了提高机械化作业水平,使小型机械进地作业,减少人力投入,提高枣园通风条件,减少病害发生,通过疏密间伐,将原来的矮化密植枣园株距调整到1.5~2.0米,行距调整到4~5米,树高为行距的75%~80%。这种模式主要以灰枣为代表。

（三）乔化稀植栽培模式

树龄大的老枣园则采用乔化稀植栽培模式，一般株行距3.0~5.0米×6.0~8.0米。这种模式树体高大，树形以自然圆头形为主，它利用了枣树自然封顶的习性，管理简单。

（四）保护地栽培模式

为了防止裂果和提前成熟，生产上鲜枣采用保护地栽培模式。保护地栽培模式采用不同结构类型的设施大棚，主要类型有春暖棚、双膜棚、棉被棚、日光温室等棚体结构。不同的棚体结构保温效果不同，可以使枣果在不同时期成熟，以延长鲜枣的市场供应期。

（五）枣粮间作模式

对于宽行稀植枣园，行间可以间作小麦、棉花、中药材、辣椒、牧草等间作物。目前南疆主要间作物为小麦，间作棉花的比例很小。

五、南疆主要地州枣的栽培情况

近年来，新疆按照"稳粮、优棉、强果、兴畜、促特色"的要求，以深化农业供给侧结构性改革为主线，把林果业作为本区巩固拓展脱贫攻坚成果同乡村振兴有效衔接的主导产业高位推动，深入实施林果业提质增效工程，推动林果业实现由小到大、由弱到强的升级。南疆红枣重点分布在环塔里木盆地及吐鲁番盆地、哈密盆地周边。按照红枣产业发展现状和《新疆维吾尔自治区优势农产品区域布局规划（2020—2025年）》，枣产区重点布局在巴州、喀什地区、和田地区3个优势区和阿克苏地区、哈密市2个产区，共17个主产县（市、区）。

（一）阿克苏地区

目前，阿克苏红枣种植面积为101.71万亩，总产量约为45.5万吨。2010年，红枣收购价达到最高峰30~40元/千克。2012年，红枣产量大幅增加，价格降至10~16元/千克。2018年，红枣收购价跌至3~7元/千克。2019年，灰枣收购均价为2.9元/千克，骏枣收购均价为3.4元/千克。目前，虽然实行红枣托市收购、红枣期货,但依然未能改变红枣价格下跌的现状。一大批红枣加工企业、合作社陆续倒闭,许多现存企业、合作社也不再收购红枣,主要开展代加工,以期减少风险。能够大量收购红枣的企业、合作社主要有库车市西皇臻品,新和县戈壁红合作社、小牛合作社,阿克苏市月亮湖果业、彩虹果业、永丰果业,温宿县疆龙果业、塔漠果业等,整体数量偏少。近年来,阿克苏地区全力打造一、二、三产业融合的现代化枣业。将沙雅县、阿瓦提县、库车市南部乡镇确定为骏枣优生区,适度压减灰枣面积,积极发展成20万亩加工枣原料生产基地;将阿克苏市、温宿县、新和县、库车市传统绿洲内确定为灰枣优生区,扩大灰枣面积,积极发展成40万亩期货红枣生产基地。"阿克苏红枣"获批地理标志产品。

(二)和田地区

目前,和田地区已建成以洛浦、墨玉县、和田县及和田市为主的红枣生产基地,全地区红枣种植面积89.12万亩,总产量约为34.28万吨。和田地区主要以矮化密植骏枣园为主,株行距0.5~1.0米×2~3米,多有集中连片的千亩以上枣园。和田地区由于积温高、昼夜温差大,红枣成熟早、水分含量少,收购价高于其他产区。由和田爱农果业有限公司投资建成的和田红枣交易市场,占地面积1600多亩,经营服务设施28万平方米。2019年,收购、加工红枣10万多吨,是全国占地规模最大的红枣仓储交易批发市场,为红枣本土加工、交易提供服务平台,争取红枣市场定价权,解决红枣"卖难"和稳定市场价格奠定基础。

(三)喀什地区

喀什地区红枣种植面积204.53万亩,总产量约为68.32万吨。红枣产业迅速发展期为2008—2012年,2013—2015年小面积定植,以填平补齐、补植补造为主。目前,喀什地区形成了以麦盖提县、泽普县、岳普湖县为主的红枣生产基地,尤以麦盖提灰枣最具规模和品牌效应。近年来,麦盖提县委全力推动红枣产业化发展,以乡为单位建设红枣晾晒场,引导枣农集中晾晒红枣,形成规模效应和集聚效应。提升改造日照港物流园红枣交易中心,新建红枣集散场地500余亩和1座8000吨库容的红枣保鲜库。加快推进央塔克乡红枣特色小镇建设,建成红枣研发中心、红枣加工园区、冷库群、智慧枣园等,着力打造北部以央塔克乡红枣特色小镇为中心、中部以日照港物流园为中心、南部以克孜勒阿瓦提乡红枣产业园为中心的3个红枣集散中心。2016年，成功申报以红枣、核桃为主的国家级出口食品农产品质量安全示范区。2020—2021年，相继获批了"麦盖提灰枣"品牌和"麦盖提灰枣"地理标志产品。

（四）巴州

巴州红枣种植面积57.3万亩，总产量约为20.53万吨。若羌、且末县是巴州红枣的重要产区。若羌县是新疆最早发展红枣的县，若羌红枣是中国驰名商标和国家地理标志产品。若羌红枣目前已成为新疆乃至全国红枣价格的风向标。目前，若羌有红枣绿色果园10万亩，有机红枣0.4万亩，且末有机红枣面积3.13万亩。

（五）哈密市

哈密市主栽品种为哈密大枣，主要生长在哈密市五堡镇、二堡镇、陶家宫镇、大泉湾乡等平原乡镇和兵团十三师黄田农场、红星一场、火箭农场中心团场等地，其中以五堡镇最多，品质最好，故哈密大枣又称五堡大枣。目前，哈密市红枣种植面积9.34万亩，总产量约为2.94万吨。

六、南疆红枣适生区和优生区划分标准

枣适生区划分标准应该综合考虑日照时数、有效积温、无霜期、昼夜温差和降雨量等，尤其是要考虑枣成熟期的降雨量，因为枣生产存在的最大问题是成熟期遇雨易裂果浆烂。光照时数越长、有效积温越高、昼夜温差越大、降雨量越少、无霜期越长的地方越适合优质枣产品的生产。

（一）南疆主要枣产区主要气候指标

如表3-4所示，南疆各地年平均温度在10.38℃～13.49℃。和田县年平均温度最高，为13.49℃，与其他枣区差异较大。哈密市年平均温度最低，为10.38℃，阿拉尔市比哈密市略高，为10.8℃，其余各枣区年平均温度均在11℃以上。

表3-4　南疆红枣主产县（市）主要气候指标比较

枣产区		年均温（℃）	无霜期（天）	生长季≥10℃积温（℃）	成熟期降雨量（毫米）	6—10月日照时数（小时）	日照百分率（%）
喀什地区	喀什市	12.65	233.7	4365.78	7.86	1481.03	67.70
	麦盖提县	12.20	222.5	4320.78	9.38	1392.25	68.45
	巴楚县	12.53	224.6	4462.66	4.86	1376.35	68.20
	莎车县	12.21	228.0	4257.36	1.66	1358.59	68.25
阿克苏地区	阿克苏市	11.18	222.3	4085.98	8.34	1411.60	67.35
	库车市	11.15	218.0	4089.25	3.74	1358.14	67.20
	柯坪县	11.68	218.0	4268.53	6.39	1273.94	60.65
	沙雅县	12.05	223.3	4434.33	1.73	1433.57	72.95
	阿拉尔市	10.80	205.3	4049.13	2.75	1400.33	71.70
和田地区	和田县	13.49	246.8	4545.02	2.06	1258.25	58.40
	民丰县	12.41	216.2	4321.10	1.06	1323.09	63.80
巴州	若羌县	12.24	210.5	4467.42	0.94	1414.43	69.55
	且末县	11.12	204.9	4115.40	0.20	1263.22	64.35
哈密市	哈密市	10.38	187.8	4126.21	2.87	1587.82	82.40
吐鲁番市	鄯善县	12.42	217.3	4801.08	0.78	1538.80	74.80

和田县无霜期最长，为246.8天，哈密市无霜期最短，为187.8天。除哈密市外，其他枣区无霜期均大于200天，大部分地区在210天以上。

南疆各产区生长季≥10℃的积温都在4000℃以上。鄯善县积温最高，为4801.08℃，阿拉尔市积温最低，为4049.13℃；阿克苏市、库车市、且末县和哈密市积温也相对较低，在4000℃~4150℃；莎车、柯坪等地在4200℃~4300℃，喀什、民丰、麦盖提、若羌、沙雅、和田、鄯善等枣产区在4300℃以上。

南疆各枣产区成熟期降雨量都很低，在0.2~9.38毫米。麦盖提县降雨量最大，为9.38毫米；阿克苏市次之，为8.34毫米；且末县降雨量最小，仅为0.2毫米。若羌县和鄯善县降雨量也很少，均低于1毫米。

哈密市6—10月日照时数最高，为1587.82小时，和田县最低，为1258.25小时。南疆红枣各产区日照百分率和田县最低，为58.2%，哈密市最高，为82.4%。但都属于日照百分率高的地区，说明南疆各枣区空气透明度都很好，有利于枣树生长发育，有利于枣果着色和品质提高。

（二）南疆红枣适生区等级划分标准

根据南疆各枣区的主要气候因素指标差异以及南疆各地红枣品质的实际，确定了以年平均温度、无霜期、生长季≥10℃积温、极端最低气温、≤-20℃的天数及生长季干燥度等指标将南疆红枣适生区划分为四个等级，即最优适生区、优生区、适生区和次适生区。不同适生区等级划分标准见表3-5。

表3-5　南疆红枣适生区等级划分标准

适生区等级	年平均温度（℃）	无霜期（天）	生长季≥10℃积温（℃）	极端最低气温（℃）	≤-20℃的天数（天）	生长季干燥度
最优适生区	>12.0	>210	>4300	≥-23	<2	>16.0
优生区	11.1~12.0	191~210	4001~4300	≥-25	2~4	10.1~16.0
适生区	10.0~11.0	180~190	3700~4000	≥-28	5~7	3.5~10.0
次适生区	<10	<180	<3700	<-28	>7	<3.5

（三）南疆红枣适生区

根据表3-5南疆红枣适生区等级划分标准对南疆红枣产区进行划分，划分的结果见表3-6。

表3-6　南疆红枣适生区

适生区等级	地区和县（市）
最优适生区	喀什地区：麦盖提县、泽普县和莎车县东部。 阿克苏地区：沙雅县中南部。 巴州：若羌县西部和且末县南部。 和田地区：洛浦县、策勒县、于田县、民丰县、和田县北部、皮山县北部
优生区	喀什地区：喀什市、巴楚县、疏勒县、岳普湖县、伽师县、莎车县西部和叶城县北部。 阿克苏地区：阿克苏市、阿瓦提县、温宿县南部、沙雅县西北部、柯坪县东部、库车市和阿拉尔市南部。 巴州：且末县北部、若羌县中西部、尉犁县西部、轮台县和库尔勒市西南部。 和田地区：和田县南部和皮山县南部

续表

适生区等级	地区和县（市）
适生区	喀什地区：叶城县南部、英吉沙县、疏附县和莎车县南部。 克州：阿图什市、乌恰县东部和阿克陶县东部。 阿克苏地区：温宿县北部、柯坪县西部、新和县、乌什县、拜城县西部和东部及阿拉尔市北部。 巴州：和静县西部、焉耆回族自治县、博湖县、和硕县北部、尉犁县东部和若羌县中东部。 吐鲁番市：托克逊县、吐鲁番市和鄯善县西部
次适生区	喀什地区：塔什库尔干塔吉克自治县。 阿克苏地区：拜城县中部。 巴州：和静县东部、和硕县北部和若羌县东部 克州：阿合奇县和乌恰县西部。 吐鲁番市：鄯善县东部。 哈密市：哈密市

1. 最优适生区

最优适生区包括喀什地区的麦盖提县、泽普县和莎车县东部；阿克苏地区的沙雅县中南部；巴州若羌县西部和且末县南部；和田地区和田县北部、洛浦县、策勒县、于田县、民丰县、皮山县北部。该区年平均温度在12.1℃~13.5℃，无霜期为210.1~246.8天，生长季≥10℃积温在4320.8℃~4545.0℃。冬季极端最低温度在-23℃以上，并且持续时间很短，一般情况下小于2天。本区光热资源丰富，极端温度出现的频率低，持续时间短，为红枣的最优适生区，宜发展灰枣、骏枣、晋枣、赞新大枣、蛤蟆枣等果实生育期较长的中、晚熟品种。

2. 优生区

优生区包括喀什地区的喀什市、巴楚县、疏勒县、岳普湖县、伽师县、莎车县西部和叶城县北部；阿克苏地区的阿克苏市、阿瓦提县、温宿县南部、沙雅县西北部、柯坪县东部、库车市和阿拉尔市南部；和田地区的和田县南部和皮山县南部；巴州且末县北部、若羌县中西部、尉犁县西部、轮台县和库尔勒市西南部。该区年平均温度为11.0℃~12℃，无霜期为204.9~229.3天，生长季≥10℃积温为4086.0℃~4257.4℃。极端最低温度在-23℃左右，一般持续1~2天。生长季干燥度大于10，在水资源充足的地区可规模化发展。适宜发展七月鲜、骏枣、壶瓶枣等早、中熟品种。

3. 适生区

适生区包括喀什地区的叶城县南部、英吉沙县、疏附县和莎车县南部；克州的阿图什市、乌恰县东部和阿克陶县东部；阿克苏地区的温宿县北部、柯坪县西部、新和县、乌什县、拜城县西部和东部及阿拉尔市北部；巴州的和静县西部、焉耆回族自治县、博湖县、和硕县北部、尉犁县东部和若羌县中东部；吐鲁番市的托克逊县、吐鲁番市和鄯善县西部。其中，阿拉尔、拜城、柯坪、新和、乌什、尉犁、若羌等县（市）部分地区年平均温度相对较低，冬季极端最低温度在拜城县可达–28.7℃，阿拉尔市–25.4℃，尉犁县–25.3℃，一般持续4~7天，对红枣生产有一定影响，宜发展抗寒性较强的成熟较早的品种。该区吐鲁番市和鄯善县等地年平均温度很高，无霜期长达252天，生长季≥10℃积温可达到5400℃，7、8月≥35℃的天数高达50天，过高的温度对枣树生产反而不利，尤其是夏季持续高温易引起坐果率下降及果实灼伤。

4. 次适生区

次适生区包括喀什地区的塔什库尔干塔吉克自治县，阿克苏地区的拜城县中部，巴州的和静县东部、和硕县北部和若羌县东部，克州的阿合奇县和乌恰县西部，吐鲁番市的鄯善县东部及哈密市。该区年平均温度较低，多小于10℃，无霜期较短，多在180天以下，生长季≥10℃积温不足以满足红枣的生长发育需要。冬季极端温度很低，可达–30℃以下，且持续时间较长，不利于枣树安全越冬。可适当发展一些耐低温的早熟和中早熟品种，如哈密大枣，但其果皮较厚，制干率低，品质较差。

第四节　南疆红枣的主要栽培技术

一、建园

南疆建园主要有栽植建园和直播建园两种方式。

（一）栽植建园

1.园地选择

选择附近无污染源，地表水或地下水引用灌溉方便，水质符合灌溉标准，防护林体系配套，土壤酸碱度为7.5~8.5，总盐含量低于0.3%，地下水位低于3米的地块。

2.园地规划

（1）小区

条田面积较大时要划分成若干小区，小区面积为40~100亩。

（2）道路

道路占园地总面积的5%~6%，150亩以上的枣园设主路、支路和小路，50~150亩枣园设主路和支路，50亩以下枣园设支路和小路。

（3）排灌系统

园地要有排灌渠系，排灌渠系与道路配套，机井每眼灌溉150~300亩。

（4）防护林

防护林占园地面积的10%~14%，防护林设主林带和副林带。主林带与主风向垂直或基本垂直，主林带宽10~15米，副林带宽4~6米，林带株行距2米×1.5米，树种配制以胡杨、新疆杨、沙枣树类为主。

3.栽植方法

（1）栽植时期

土壤解冻后至苗木萌芽前（3月下旬至4月下旬）。

（2）挖定植坑

定植坑的规格为长、宽、深各50~70厘米。挖坑时，将表土、下层土分开堆放。

（3）栽植密度

株行距2~4米×4~6米。

（4）栽植行向

根据地势和方位而定，以东西向栽植为宜。

（5）栽植方法

栽植采用"一埋、二提、三踏实"的方法，栽时先填表层土，再填下层土。

4. 栽后管理

（1）浇水

栽后及时浇水，栽植坑凹陷的应及时填土，并将倒伏苗扶正，7~10天后浇第二次水。

（2）覆膜

定植浇水后用70~100厘米宽的地膜沿树行覆盖，膜边用土封严压实，防止风将其刮起。

（二）直播建园

直播建园分两年完成。第一年播种酸枣，第二年嫁接。

1. 播前准备

（1）地块选择

选择土层深厚、土质均匀、肥力中上、有机质含量中上、土壤盐碱轻的轻壤土或壤土、盐斑面积1%以下、地面平整的条田。

（2）施足底肥

入冬前施入优质农家肥3~5吨/亩、油饼100千克/亩、磷酸二铵15千克/亩，深翻入土。

（3）灌水压碱

于10月中下旬或翌年4月进行大水漫灌，灌水量在120~150立方米/亩，使土壤总盐分含量在0.30%以下。

（4）精选酸枣种子

选择种仁饱满、深红褐色、纯度95%以上、发芽率90%以上的酸枣种子。

2. 播种

（1）播种时间

冬灌地实施先覆膜后播种的方式，当膜内5厘米地温持续稳定在12℃时播种；春灌地于4月10—20日，当膜内5厘米地温持续在12℃时播种。

（2）播种方式

采用穴盘式精量播种，株距0.25~0.75米，行距2~4米。

（3）播种深度和播种量

按株行距调好播种机，穴深2~3厘米，每穴播种1~4粒。播后用湿土覆盖，盖严薄膜洞口，防止跑墒，提高膜内温度。

（4）检查出苗

播种1周左右，及时检查出苗情况，膜下播种时要及时破膜放苗。

（5）中耕除草

播种后及时中耕，提高地温，促使苗木根系快速生长，中耕深度在15~18厘米。5月中下旬进行第二次中耕，中耕深度在22~25厘米。

3. 定苗

5月下旬，当苗木生长到5~8厘米时开始定苗。每穴留壮苗1株。

4. 水肥管理

（1）灌水

生长季采用加压滴灌灌溉方式，滴灌次数根据土壤墒情和气候决定，一般生长季滴灌5~7次，5月底6月初滴第一次水，以后每隔10~15天滴水一次，8月中旬滴最后一次。每次每亩滴水量为30~40立方米，每亩总滴水量为150~210立方米；10月20日前采用漫灌进行冬灌，灌水量为每亩130~150立方米。

（2）施肥

第二次滴水时，可加入尿素或滴灌专用肥，每亩用量5~6千克；之后每次滴水每亩均可加入尿素或滴灌专用肥8~10千克；8月20日最后一次滴水不加肥。每亩总用水量400~430立方米。春灌采用漫灌，每亩灌水量为130~150立方米。

5. 及时摘心

酸枣苗长到50~60厘米时摘心。

6. 防治虫害

发现红蜘蛛、枣瘿蚊要及时防治。

7. 第二年嫁接及管理

（1）嫁接前漫灌

在3月25日左右大水漫灌一次，亩灌水量为150~180立方米。

（2）嫁接

选择优良品种接穗，在萌芽前后进行嫁接，嫁接方法可采用劈接、腹接等方法。

（3）接后管理

抹芽：嫁接后要及时进行抹芽，即抹除酸枣砧木萌发出来的根蘖。及时中耕除草。

肥水管理：当新生枣头长到10~15厘米时进行灌水，一般在5月25—30日灌水，以后间隔10~15天滴水1次，8月中旬灌最后一次水，使枝条充分成熟老化，以防冬季冻害。10月下旬漫灌一次。生长季追肥随滴灌施入，每亩总施肥量为50~60千克，氮、磷、钾比例为1∶0.5∶0.8。

摘心：当枣头高度达到80~90厘米时及时摘心。

病虫害防治：发现红蜘蛛等病虫害及时防治。

二、枣园的土肥水管理技术

（一）土壤管理

1. 全园耕翻

在土壤封冻前和土壤解冻至枣树萌芽前进行全园耕翻，深度为20~25厘米。

2. 中耕除草

及时中耕除草，保持土壤疏松，深度在15~20厘米。

3. 行间覆草

可选用农作物秸秆及田间杂草，覆盖厚度为10~15厘米，上面零星压土。

4. 树行生草

提倡枣园适当生草，可在树体封行后，种植三叶草、百脉根等豆科绿肥，合理利用果园良性杂草,改善枣园生态环境。

(二)肥水管理

1. 施肥

(1)基肥

土壤解冻后到枣树萌芽前(3月底至4月上旬)施基肥,以腐熟的农家肥为主,可与绿肥、矿物源类肥料、微生物肥料、沼液等混合使用。采用环状或条状沟施入,深度为40~70厘米。每亩有机肥用量为2~5吨。

(2)追肥

在萌芽期、初花期(5月中下旬)和幼果期(7月中旬)进行追肥。追肥以氮磷钾肥配合使用为宜,前期以氮磷肥为主,后期以磷钾肥为主。施肥量根据土壤肥力、树龄大小、产量高低而定。采用滴灌的枣园可随滴灌将追肥施入。

叶面喷肥:生长季可叶面喷施0.3%尿素、0.2%~0.3%磷酸二氢钾以及各种微肥。喷施时要避开高温时段,以免出现肥害。

2. 灌水

灌水时期和次数:浇水时期从4月上旬开始,可根据土壤墒情适时浇水,每隔15~20天灌水一次,全年浇水8~10次,使土壤田间持水量保持在65%~75%为宜。

灌溉方法:采用漫灌、沟(畦)灌溉、滴灌等。

三、整形修剪技术

(一)枣树整形修剪的特点

1. 整形容易

枣树主芽萌发能力强,主枝或骨干枝易培养,因此整形比较容易。

2. 结果枝组易培养

枣树以二次枝上枣股结果为主,当年生枣头二次枝也可以结果。一个健壮的枣头就是一个较大的结果枝组。通过不同程度的摘心就可以培养大、中、小结果枝组。

3. 冬季修剪简单

枣树花芽当年分化，随枣吊生长而不断分化。因此在冬剪时不用像其他果树一样需要辨别花芽和考虑花芽留量问题，只考虑留有一定的二次枝即可。由于枣树当年生枣头可以结果，冬剪后第二年促生的新枣头也是结果枝条，因此冬季无论如何修剪，也不会像其他果树一样造成绝产。

4. 强调通风透光

枣树喜温喜光，光照好，坐果率高、品质好。因此在培养树形和修剪时，要特别注意调整树体结构，保证通风透光良好。枣树栽植密度变化很大，因此树形也多样化，但无论什么树形，均需遵循一个原则，就是要通风透光良好。

5. 更新修剪容易

枣树主芽可以潜伏多年不萌发，寿命很长，通过修剪等措施可以刺激隐芽萌发。因此枣树更新修剪容易。

6. 树冠大小易控制

枣头不但可以当年结果，而且可以连续多年结果。因此不用频繁更新结果部位，不像其他树种随着树龄增长结果部位很容易外移。再者由于隐芽寿命长，易更新，树冠的大小很容易控制。

（二）枣树的主要树形

1. 疏散分层形

该树形有明显的中心干，主枝在中心干上分三层排列。树冠呈半圆形或松塔形。干高一般为80～120厘米。枣粮间作园树干宜高，便于间作农作物。稀植园和密植园树干宜低。

第一层配置3个主枝，相邻两主枝成120°，主枝与中心干的开张角度为60°～70°；第二层配置2~3个主枝，伸展方向与第一层主枝错开；第三层配置1~2个主枝。第一层层内距为40～60厘米，第一层间距为80～120厘米，第二层层内距为30～50厘米，第二层间距为50～70厘米。每个主枝选留2~3个侧枝，每一主枝上的侧枝及各主枝上侧枝之间要搭配合理，分布匀称，不交叉不重叠。枣粮间作园树高控制在4米左右。中度密植园树高控制在3米以下。此树形特点是骨架牢靠,层次分明,易丰产。此树形通过落头等措施,可以演变成二层,甚至成为三主枝开心形。

2. 开心形

该树形没有中心干,在主干上轮生或错落着生3~4个主枝。主枝开张角度为50°~60°。每个主枝上配置2~3个侧枝,干高60~80厘米。树高控制在2.5米以下。此树形树体较小,结构简单,容易整形,透光良好,丰产,便于管理。

3. "Y"字形

该树形也没有中心干,与开心形类似,只是从主干上分两个主枝。主枝开张角度为50°~60°,主枝上可以配备1~2个侧枝,干高一般为40~80厘米。该树形通风透光好,成形快,早丰产,适合密植园。对于高度密植枣园,主枝上可以不配备侧枝,直接将主枝作为大型结果枝组。

(三)修剪时期与方法

1. 修剪时期

枣树修剪分冬季修剪和生长季修剪。

（1）冬季修剪

冬季修剪简称冬剪,是在落叶后至萌芽前进行。冬剪的目的主要是培养、更新和调整骨干枝,使骨干枝数量合适、分布合理,以利通风透光。冬剪采用的主要方法有疏枝、短截、回缩、拉枝、落头等。

（2）生长季修剪

生长季修剪也称夏季修剪,简称夏剪,是在萌芽后的生长季进行修剪。夏季修剪的目的是调节营养生长和开花、坐果的矛盾,减少养分消耗,改善通风透光条件,提高坐果率,增进果实品质。主要方法有抹芽、摘心、疏枝、拉枝、开甲等。在枣树上应特别重视夏剪,夏剪做得好,当年就结果多、品质好,夏剪做得到位,冬剪工作量就小。

2. 修剪方法

主要修剪方法有定干、疏枝、回缩、短截、刻芽、拉枝、摘心、抹芽等。

四、提高坐果率技术措施

枣树花期遭遇不良的气候条件，如低温、干旱、多风、连阴雨等天气，都不利于枣树的授粉受精，可引起大量落花落果。土肥水管理、整形修剪等措施不到位，也会影响枣树生长，导致落花落果严重。提高枣树坐果率的主要技术措施有花期开甲、喷硼、喷水、喷施植物生长调节剂等。

（一）开甲

1. 开甲时期

枣树开甲一般在盛花期或盛花初期。枣树花期长，一般在1个月左右。每枣吊上有五六朵以上花开放后即可开甲。

2. 开甲部位

开甲部位一般从主干基部开始，然后逐年向上移，也可以在主枝基部开甲。

3. 甲口宽度

甲口宽度一般为0.3~1.2厘米。甲口宽度要根据树干粗度和树势而定。树大干粗的甲口宜宽，树小干细的宜窄；树势强的甲口宜宽，树势弱甲口宜窄。一般来说，甲口的最适宜宽度应以甲口在1个月内完全愈合为标准。甲口太窄，则愈合早，起不到提高坐果率的作用；甲口太宽，则愈合慢，甚至不能愈合，造成树势衰弱，坐果率反而降低，也达不到开甲的目的；甲口过宽，愈合不好还会导致死树。

4. 甲口的保护

甲口在愈合时，很容易遭到灰暗斑螟幼虫的危害。开甲后每隔7~10天，在甲口内涂50~100倍液的吡虫啉、西维因等杀虫剂，共涂抹2~3次。对于已受甲口虫危害、愈合不好的甲口，应在甲口处抹泥，缠绑塑料布，以促使愈合。

（二）花期放蜂

枣树是典型的虫媒花。蜜蜂是枣的主要传粉昆虫，花期放蜂，提高授粉率，可以明显提高枣的坐果率。一般花期放蜂可提高枣坐果率1倍以上。距蜂箱越近的枣树，坐果率越高。放蜂时要将蜂箱均匀放在枣园中间，蜂箱间距应小于300米。

（三）花期喷水

在北方枣区，花期常常遇到干旱天气，空气湿度低。枣花粉发芽需要较高湿度，湿度在80%~100%时花粉发芽率最高，湿度低于60%，花粉萌发率明显降低。花期喷水就是为了提高空气湿度，促进授粉受精，从而提高枣坐果率。

喷水应在盛花期前后进行。喷水次数依天气干旱程度而定。一般年份喷水2~3次，严重干旱年份喷3~5次，每次间隔1~3天。

（四）花期喷硼

硼可以促进花粉萌发和花粉管生长，花期喷硼可以明显提高枣的坐果率。一般喷施浓度为0.2%~0.3%的硼砂或硼酸溶液。

（五）花期喷赤霉素

花期喷施赤霉素1~3次可以提高坐果率，喷施浓度为15~20毫克/千克。每次喷施间隔5~7天。

赤霉素可以提高坐果率，但仅限于花期施用。如果在果实发育期喷施赤霉素，会降低果实品质。

五、病虫害防治技术

南疆红枣产区主要病虫害有：枣缩果病、枣炭疽病、枣裂果、枣锈病、枣瘿蚊、枣尺蠖、绿盲蝽象、枣龟蜡蚧、枣粉蚧、梨圆蚧、红蜘蛛、香梨优斑螟（甲口虫）、枣粘虫、枣桃小食心虫、蓟马、棉铃虫等。零星发生的病虫害主要有：康氏粉蚧、草履硕蚧、黄刺蛾、病毒病（花叶）和黄化病等；喀什、阿克苏产区偶有枣疯病被发现。

（一）主要病害防治技术

1. 枣缩果病

枣缩果病是枣果实上的一种病害，在灰枣、赞皇大枣、骏枣等大枣品种上发生严重。

（1）症状

在果实白熟期开始出现症状，初期在枣果中部至肩部出现水浸状黄褐色不规则病斑，病斑不断扩大，并向果肉深处发展，病部果肉变为黄褐色，味变苦。病果极易脱落，失去食用价值。该病发病迅速，常表现为突发性和爆发性。尤其是在果实白熟期至成熟期之间遇雨后的3~5天内，病情突然加重。

（2）病原

枣缩果病的病原菌有三种，即细交链孢菌、毁灭茎点霉菌和壳梭孢属中的一种真菌（未定种名）。三种病原菌可单独和混合侵染。

（3）越冬场所和发病规律

病原菌主要在枣股、树皮、枣枝及落叶、落果、落吊上越冬。自花期开始侵染，8月下旬至9月上中旬为发病高峰期。

（4）防治措施

① 清除落果落叶，搞好果园卫生。

② 早春刮树皮，集中烧毁。

③ 刮完树皮后，在萌芽前喷3~5波美度石硫合剂。

④ 自6月中下旬开始，每隔10~15天喷一次大生、多菌灵、戊唑醇等广谱性杀菌剂。

2. 枣炭疽病

（1）症状

主要侵害果实，也可侵染枣吊、枣叶、枣头及枣股。果实受害，最初在果面出现淡黄色水渍状斑点，逐渐扩展成黄褐色病斑，后期病斑呈红褐色或黑褐色，病斑上散生出很多小黑点，在潮湿条件下，小黑点上有黄褐色黏液，即为病原菌的分生孢子盘，分泌粉红色物质，即病原菌的分生孢子团。病果严重时早期脱落。重病果晒干后，只剩枣核和丝状物连接果皮。病果味苦，不能食用。轻病果虽可食用，但均带苦味，品质变劣。

叶片受害后变黄绿色、早落，有的呈黑褐色焦枯状悬挂在枝头上。枣吊、枣股、枣头等感病后不表现症状，但是是病菌重要的越冬场所。

（2）病原与发病规律

枣炭疽病是真菌性病害，以菌丝体潜伏于残留的枣吊、枣头、枣股及僵果内越冬。翌年，分生孢子借风雨、昆虫传播，从伤口、自然孔口或直接穿透表皮侵入。幼果期即可侵染，但通常要到果实近成熟期和采收期才发病。初侵染发病后产生的病菌孢子可以再侵染。

该病菌在田间有明显的潜伏侵染现象。发病的早晚和轻重，与降雨时间的早晚、降雨量、阴雨天持续时间的长短有关。降雨早、雨量大，阴雨连绵，空气湿度大，发病早而重，反之则轻。

枣果采收后通过晒枣法制作干枣，因温度合适，感病的果实会迅速发病，会造成严重损失。如果采用烘干法，及时将鲜枣烘干，可减少发病。

（3）防治措施

① 搞好果园卫生：落叶后至发芽前，彻底清除病僵果，树下枣吊、落叶，减少园内病菌越冬场所。发芽前全园喷施1次铲除性药剂，杀灭越冬病菌，特别注意喷洒在枣园周围的刺槐上。效果较好的药剂有：30%戊唑·多菌灵悬浮剂400～600倍液、77%硫酸铜钙可湿性粉剂300～400倍液、60%铜钙·多菌灵可湿性粉剂300～400倍液、45%代森铵水剂200～300倍液等。

② 选择适宜防护林：不用刺槐防护林，改用其他树种。

③ 生长期药剂防治：从落花后半月左右开始喷药，10～15天1次，连喷4～6次。具体喷药时间及次数根据降雨情况及环境湿度而定，多雨潮湿时喷药间隔期短、次数多。效果较好的药剂有：30%戊唑·多菌灵悬浮剂1000～1200倍液、70%甲基托布津可湿性粉剂或500克/升悬浮剂800～1000倍液、500克/升多菌灵悬浮剂800～1000倍液、450克/升咪鲜胺乳油1500～2000倍液、10%苯醚甲环唑水分散粒剂2000～3000倍液等。

3. 枣疯病

（1）症状

枣疯病又叫丛枝病、扫帚病、火龙病，是一种毁灭性病害。发病后表现小枝条丛生。花期返祖，花柄伸长，花萼、花瓣、雄蕊、雌蕊变成小叶或小枝。发病后一般2~5年死亡，危害极大。

（2）病原

枣疯病的病原是类菌质体。通过嫁接、根蘖或扦插等方法繁殖可进行传播。中国拟菱纹叶蝉、橙带拟菱纹叶蝉等叶蝉是该病的自然传播媒介。

（3）防治方法

① 检疫：严禁从病株上采接穗；严禁枣疯病苗进入枣区。

② 铲除病株：在生长季节将病树从树干基部锯掉，锯口涂抹草甘膦除草剂原液，然后用塑料袋套住锯口，缠严绑紧，杀死病株。

③ 喷药消灭传毒媒介：在生长季及时防治病虫害，消灭传毒媒介，预防传毒。

4. 枣裂果

裂果是枣生产中存在的严重问题之一。一般年份裂果浆烂率达15%左右，成熟期多雨的年份，高达50%~80%。易裂果品种在一般年份裂果率为50%~70%，严重年份达95%以上，给生产造成重大损失。

（1）枣裂果的原因

枣果在接近成熟时含糖量增高，渗透势降低，吸水能力强，遇雨后吸水膨压增加，果实开裂。影响枣裂果的因素主要有：品种、果实糖、激素、矿质元素含量，果皮厚度和韧性，降雨量，栽培管理等。

（2）裂果防治方法

①发展优良抗裂枣新品种：选择抗裂新品种，如紫圆、紫珠、紫玲、曙光等。

②生长季喷钙和硼：从幼果期开始喷0.2%~0.3%的硝酸钙溶液和0.2%~0.3%硼砂溶液。

③生长季灌水：生长季干旱时及时浇水，保持土壤湿润，土壤湿度变化小可以降低裂果率。长时间干旱突然降雨会导致裂果严重。

④避雨栽培：搭建避雨棚可以有效防止裂果。

⑤及时烘干：果实采收后及时用烘干房和烘干自动化设备烘干。

5. 枣锈病

枣锈病是枣树的主要病害之一，它的发生规律及发生程度，完全取决于7—8月的气候条件。如在此期间，降雨过勤，田间湿度过大，则发病早且重，如降雨较少，气候较干燥，则发病晚且轻，甚至不发病。低洼积水地块发病较重，高而平坦地块发病较轻。株行距大，通风透光好的枣园发病轻。发病时，树下部先发生，由下至上蔓延。枣锈病一般在7月中下旬发生，8月下旬至9月上旬达到发病盛期。

对枣锈病要以防为主，于7月上中旬喷布石灰倍量式波尔多液200倍液，每10~15天1次，连续喷2~4次。具体次数视天气情况而定，雨多喷的次数则多，否则可少。发病后，可用1000倍粉锈宁进行除治。

（二）主要虫害防治技术

1. 枣瘿蚊

枣瘿蚊又名枣叶蛆，以幼虫为害枣和酸枣的嫩叶，被害叶的叶缘向叶正面纵卷，呈紫红色，质地变脆，最后变黑枯萎脱落。

（1）发生规律

枣瘿蚊一年发生五代至六代，以老熟幼虫在土内结茧越冬，土层中分布范围为2~5厘米深处。翌年枣萌芽时化蛹羽化交尾后，将卵产在未展开嫩叶的边缘，卵数粒或数十粒成串排列。孵出的幼虫吸食嫩叶汁液，4月下旬开始叶片纵卷，卷叶内有1条或数条小白蛆状幼虫，5月上旬为为害盛期，5月中旬被害叶逐渐焦枯脱落，5月末至6月初，幼虫老熟后落地入土化蛹。6月上旬羽化为成虫，以后嫩叶减少，发生危害也渐轻，全年有5~6次明显的高峰。新嫁接、新定植的幼树及苗圃地，由于营养生长旺盛枣头停止生长晚，嫩叶不断形成，故其危害较重。8月下旬幼虫渐老熟，落入土中结茧，转入越冬。

（2）防治方法

重点是对越冬代和第一代的防治。

①土壤深翻：秋末至翌年3月，在越冬代成虫羽化前，深翻土壤，把老熟幼虫和蛹翻至深层，阻止正常羽化出土，可大大减少虫源。

②喷药防治：4月下旬至5月上旬，第一代幼虫发生期用48%毒死蜱乳油1200~1500倍液、90%灭多威可湿性粉剂3000~4000倍液、2.5%高效氯氟氰菊酯乳油1500~2000倍液在树上喷洒即可。

2. 枣尺蠖

枣尺蠖又名枣步曲、顶门吃。枣萌芽期，初孵幼虫食害嫩芽，展叶后，暴食叶片，吃成大小不一的缺刻，枣现蕾后又转食花蕾。发生严重时，将全树绿色部分吃光，常造成大幅度减产和绝收。

（1）发生规律

枣尺蠖一年发生一代，以蛹分散在树冠下13~20厘米深的土壤中越冬。翌年2月下旬羽化出土，4月上、中旬为羽化盛期。雄虫多在下午羽化，羽化后即爬到树上，多在主枝的背阴面。雌虫羽化出土后，于傍晚和夜间上树，并交尾产卵于树皮缝、嫩芽处。4月中旬开始孵化，4月下旬为孵化盛期。5月下旬至6月中旬，幼虫陆续老熟入土化蛹。幼虫期共5龄，受震后有吐丝下垂的习性，借风力向四周蔓延。幼虫3龄后，食量猛增，5龄取食量为全部食量的80%。

（2）防治方法

①挖蛹：秋冬季和早春结合翻树盘或枣园深翻，捡拾虫蛹后将其灭除，以降低越冬基数。

②树干绑塑料薄膜裙：2月中下旬，在树干距地面20~60厘米处，绑15厘米宽塑料薄膜裙，以阻止雌蛾上树，每天组织人力树下捉蛾并杀之。

③喷药防治：在枣萌芽期（4月下旬至5月上旬）在树上喷药。用药种类和浓度：25%灭幼脲悬浮液1500~2000倍液，5%氟铃脲乳油1000~1200倍液，25%除虫脲可湿性粉剂1000~1200倍液，20%氟虫双酰胺水分散粒剂2500~3000倍液。

3. 绿盲蝽象

绿盲蝽象目前已成为枣、苹果、梨、桃等经济林树种的主要害虫，近年来，连续在我国的枣产区大范围发生，已成为危害枣树的主要害虫之一。

（1）越冬场所

绿盲蝽象一年发生有五代，以卵越冬，越冬产卵场所有：冬夏剪口、春季抹芽的枯梢顶端（变腐软），蚱蝉产卵孔的空隙，枣股、嫁接接口以及枯死的接穗，等等。

（2）防治方法

①人工防治：结合冬剪，剪除树上的病残枝、枯死枝，尤其是夏剪剪口部位和蚱蝉产卵枝，集中烧毁，消灭绿盲蝽象越冬卵潜藏场所，减少绿盲蝽象的越冬基数。5—6月，及时铲除树下杂草和根蘖，清除落地绿盲蝽象的食物来源。

②萌芽前涂粘虫胶环：枣萌芽前在树干上涂抹粘虫胶环，粘杀爬行上下树的绿盲蝽象。

③萌芽前药剂防治：枣树发芽前，全园喷施1次3~5波美度石硫合剂或45%石硫合剂晶体60~80倍液，杀灭越冬虫卵。淋洗式喷雾效果最好。在秋冬季节（越冬卵孵化前）刮树皮并集中烧毁或深埋，喷3~5波美度石硫合剂，消灭越冬虫卵、压低虫口基数。

④生长期树上喷药防治：结合虫情测报，在若虫3龄期以前喷药是化学防治的关键，7~10天1次。每代须喷药1~2次，以早晨和傍晚喷药效果较好。常用有效药剂有：35%吡虫啉悬浮剂4000~5000倍液、70%吡虫啉水分散粒剂8000~10000倍液、50%吡蚜酮水分散粒剂3000~4000倍液、5%啶虫脒乳油1500~2000倍液、4.5%高效氯氰菊酯乳油或水乳剂1500~2000倍液等。

重点是做好群防群治，统一用药，以防止绿盲蝽象相互迁飞、提高防治效果。抗药性严重地区建议不同类型药剂混合喷施。

4. 枣龟蜡蚧

枣龟蜡蚧因其幼虫和雌虫体被黄白色、龟纹状蜡壳包裹而得名，又名树虱子。

（1）发生规律

枣龟蜡蚧一年发生一代，以受精雌成虫在幼龄枣枝、二次枝上固着越冬。翌年3月下旬开始发育，5月底至6月初开始产卵，雌虫产卵量大，多数在千粒以上。产卵盛期在6月上中旬，6月中下旬开始孵化，7月上旬为孵化盛期，7月底孵化完毕。初孵幼虫可以活动4～6天，之后多固定在叶片正面、枣头、二次枝、枣吊上刺吸为害。6—7月，雨水偏多、空气湿度大时，卵的孵化率及若虫成活率都高，反之，高温干燥，孵化率与成活率就低。雄虫8月上旬开始化蛹，8月底至9月初为化蛹盛期，8月中旬开始羽化，9月中旬为羽化盛期，雄虫羽化后白天寻觅雌虫交尾。在叶和枣吊上为害的雌虫到8月中下旬，逐渐爬回枝上，9月上中旬为回枝盛期，10月上旬大多数雌虫已回枝，回枝后固定不动。之后进入越冬期。

（2）防治方法

① 人工防治：冬季结合冬剪彻底剪去虫枝或用适当工具直接擦刷虫体而杀之。冬季枝条上结冰或有雾凇时，用力敲击枝条，能击落越冬成虫。

② 萌芽前喷药：萌芽前全树仔细喷布3～5波美度石硫合剂，或5%～10%柴油乳剂，或喷生石灰、硫黄、食盐、水以3：2：0.5：100比例配制的混合液。

③ 生长季喷药防治：在卵孵化盛期，一般于6月下旬开始第一次用药，喷药间隔6～8天，连喷3～4次。可用药剂有：40%杀扑磷乳油1200～1500倍液，48%的毒死蜱乳油1200～1500倍液，20%甲氰菊酯乳油1500～2000倍液，90%灭多威可湿性粉剂3000～4000倍液。在喷药时加上1000倍液的助杀或害立平，效果更佳。

5. 枣粉蚧

枣粉蚧俗称"树虱子"，以成虫和若虫在枣树的芽、叶、花及果实等部位刺吸汁液为害，特别是在枣股上密集为害时，常使枣芽不能正常萌发。严重为害时，叶片瘦小枯黄，多早期脱落，树势衰弱，枝条枯萎。同时，枣粉蚧的排泄物污染叶片和果面，并诱使煤污病发生，影响果品质量。

（1）发生规律

枣粉蚧一年发生三代，以若虫在大枝干的树皮缝内越冬。翌年枣树发芽期（4月）开始出蛰活动，枣树发芽后便转移到芽上为害，在初伸长的枣吊上，喜群居于叶腋间或未展开的叶褶内。5月初发育为成虫，5月上旬开始产卵。卵期10天左右。第一代若虫发生盛期在6月上旬，第二代若虫发生盛期在7月中旬，第三代若虫发生盛期在9月中旬。以第一代、第二代若虫(6—8月)繁殖量大,为害最重。第三代若虫孵化后为害不久即进入枝干皮缝下越冬,10月上旬全部进入越冬休眠状态。

(2)防治方法

①人工防治:发芽前刮除枝干粗皮、翘皮,集中烧毁,消灭越冬虫源。而后在主干上部(主枝部分以下)涂抹粘虫胶环,并注意及时杀死粘住的幼虫及补涂粘虫胶。

②发芽前喷药:萌芽前全园喷布一次3~5波美度石硫合剂,或5%~10%柴油乳剂或喷生石灰、硫黄、食盐、水以3:2:0.5:100比例配制的混合液。重点喷洒树体中下部枝干,并采用淋洗式喷雾。

③生长期喷药防治:往年枣粉蚧发生较重的枣园,抓住第一代、第二代若虫孵化初盛期各喷药1次,即可有效控制该虫的发生为害。常用防治药剂同"枣龟蜡蚧"。

6. 梨圆蚧

以若虫或雌成虫聚集在枝条、叶片和果实上刺吸汁液为害。枝条受害,引起皮层爆裂,生长衰弱,叶片脱落,甚至枝条枯死或整株死亡。叶片受害,正反两面均可发生,多集中叶脉附近,严重时导致叶片枯死脱落。果实受害,以虫体为中心形成凹陷斑点,严重时果面龟裂。

(1)发生规律

在北方枣区一年发生二至三代。以1~2龄若虫和少数受精雌虫在枝条上越冬。翌年树液流动后开始继续为害,虫体不断发育膨大。5月上中旬羽化出雄成虫,雌雄交尾后雌成虫继续为害,6月上中旬开始产子繁殖,产子期持续20多天。第一代仔虫出现在6月,第二代仔虫出现在8月上旬至9月上旬,发生早的还可以产生第三代仔虫。初产若虫在母壳内停留一段时间后爬出,迅速爬行至枝条、果实和叶片上选择适当部位固着为害,1~2天后分泌白色蜡质,逐渐形成灰黄色介壳。最后一代产的仔虫约10天后蜕皮变成2龄若虫,固着在枝条上越冬。世代不整齐。

（2）化学防治

萌芽前喷药：在萌芽前，喷3～5波美度的石硫合剂，40%杀扑磷（高毒）乳油600～800倍液，45%的石硫合剂晶体40～60倍液，3%～5%柴油ES或5%～6%煤焦油ES。

生长期喷药防治：在第一代若虫分散转移期至完全形成介壳前喷1～2次即可控制该虫为害。常用药剂有：48%的毒死蜱乳油1200～1500倍液，25%的噻嗪酮可湿性粉剂1000～1500倍液，52.25%的氯氰毒死蜱乳油1500～2000倍液，20%甲氰菊酯乳油1500～2000倍液，90%灭多威可湿性粉剂3000～4000倍液，40%杀扑磷（高毒）乳油1200～1500倍液。

7. 红蜘蛛

以若虫、成虫刺吸叶片汁液，使叶片灰白，失去光泽，发生严重时，造成大量落叶。

（1）发生规律

一年发生五至八代。以受精雌成虫在树皮缝、枝杈和树干根茎周围土缝内越冬。翌年4月中下旬开始活动，6—8月危害最重，10月转入越冬。

（2）防治方法

① 刮树皮：秋冬季节或萌芽前刮树皮并集中烧毁，刮皮后把树干涂白，可杀死大部分越冬卵。

② 萌芽前喷石硫合剂：枣树萌芽前，全园喷施1次3～5波美度石硫合剂，或45%石硫合剂晶体60～80倍液，杀灭越冬虫源。

③ 去除地下杂草：早春翻地、除草，使红蜘蛛找不到食物而死亡。

④ 树干涂胶：在发芽前（4月上中旬），树干中部涂一闭合胶环，阻止红蜘蛛向树上转移，防治率达到99.9%以上，节约4～5次用药。

⑤ 树上喷药：可喷施1.8%的阿维菌素乳油3000～4000倍液、15%哒螨灵乳油1500～2000倍液、20%四螨嗪可湿性粉剂1500～2000倍液、25%三唑锡可湿性粉剂1200～1500倍液、20%甲氰菊酯乳油1200～1500倍液等。

8. 香梨优斑螟（甲口虫）

以幼虫为害枣树环剥口、嫁接口和其他伤口。在南疆枣树环剥一般在6月，环剥后该虫从环剥口处开始向上蛀入，不断排出褐色粪便，并吐丝缠绕。被害后环剥口不愈合，树势变弱，叶小发黄，产量低，严重者导致死树。

（1）发生规律

一年发生三至四代，有世代重叠现象。以幼虫在受害处附近越冬，翌年4月下旬越冬幼虫化蛹羽化，5月上中旬出现第一代卵和幼虫，6—7月出现第二至第三代幼虫。10月以后第四代幼虫逐渐进入越冬状态。幼虫无转株为害现象，无群集性，幼虫老熟后在受害部位以上2厘米处结茧化蛹。卵散产在环剥口或伤口周围粗皮裂缝中，孵化的幼虫从伤口侵入，并向上为害愈伤组织和韧皮部。

（2）防治方法

防治的最佳时间是越冬代成虫盛发期的4月下旬和5月上中旬第一代卵、幼虫期，但为害初期往往不易发觉，从而错失最佳防治时机。6月，枣树环剥后，如果伤口处理不当，就会造成香梨优斑螟的大面积发生。

① 萌芽前刮树皮：萌芽前刮除粗老翘皮，集中销毁。

② 萌芽前喷石硫合剂：刮完树皮后，树体喷施 3~5波美度石硫合剂+0.3%洗衣粉液，可减少大量越冬虫源。

③ 生长季喷药：5月上中旬第一代幼虫为害期，结合防治枣瘿蚊、蚧壳虫等其他害虫进行树体喷药，可用药剂有48%毒死蜱、20%啶虫脒可溶性粉剂等。

④ 糖醋液诱杀：利用成虫对糖醋液的趋性，用糖醋液诱杀成虫。在成虫发生初期，悬挂糖醋液诱杀盆进行虫情测报。在4月下旬、6月中旬、7月上中旬和8月上旬4个成虫高峰期，增加糖醋液诱杀盆（糖醋液按1份红糖、2份醋、10份水，再加少许白酒配制），诱杀成虫。每亩悬挂6~8个，每天定时清理诱集到的蛾虫，并适时更换糖醋液。

⑤ 环剥口抹药：环剥3~5天后，在环剥口涂抹果树康或护甲宝+48%毒死蜱或乙酰甲胺磷。

9. 黄刺蛾

黄刺蛾又名洋辣子、枣八角。初孵幼虫只食叶肉，留下表皮呈网状。幼虫长大后将叶片吃成缺刻，严重时仅剩叶柄和主脉。

（1）发生规律

一年发生一至二代。以老熟幼虫在树杈上作形似鸟卵硬茧越冬。一年一代的，成虫于6月中旬出现，昼伏夜出，趋光性强，卵产于叶背，数十粒连成一片，半透明，幼虫在7月中旬至8月下旬为害。幼虫喜群聚，长大后分散。一年发生二代的，越冬幼虫于5月上旬化蛹，中旬达盛期，蛹期约28天。5月下旬出现第一代成虫，该代于6月中旬孵化出幼虫开始为害。第二代成虫出现于7月上旬，7月底孵化出幼虫开始为害，8月上中旬达为害高峰。8月下旬开始在树杈上结茧转入越冬，9月上旬达盛期。

（2）防治方法

①人工防治：在春季修剪时，用手剪剪破越冬虫茧，可基本控制黄刺蛾危害。

②生物防治：黄刺蛾的天敌有上海青蜂和黑小蜂等，建议保护害虫的天敌。

③诱杀成虫：利用成虫的趋光性，在成虫发生期内于枣园内设置黑光灯或频振式诱虫灯，诱杀成虫。

④化学防治：在低龄幼虫为害盛期喷药防治，每代幼虫期喷药1次即可。常用有效药剂有：25%灭幼脲悬浮剂1500～2000倍液、52.25%氯氰·毒死蜱乳油2000～2500倍液、2.5%高效氯氟氰菊酯乳油1500～2000倍液等。

10. 枣黏虫

枣黏虫又名枣实蛾、包叶虫，以幼虫吐丝将叶片、嫩枝或果实粘包在一起，在其内食害叶、花蕾、花和果实，造成减产，甚至绝收。除为害枣外，还为害酸枣。

（1）发生规律

枣黏虫一年发生三代，以蛹在树皮缝和树洞中结茧越冬。翌年3月下旬开始羽化，4月上中旬为羽化盛期，成虫多在白天羽化后潜伏，晚上活动，趋光性很强。卵散生在光滑的小枝或叶片上。第一代幼虫发生盛期在5月初，幼虫吐丝缀叶或卷叶，在其中取食叶肉。幼虫老熟后在卷叶内结茧化蛹。第一代成虫发生盛期在6月中下旬。第二代幼虫发生盛期在6月下旬至7月上旬，成虫发生盛期在7月下旬。第三代幼虫发生盛期在8月上中旬。第二代幼虫除卷叶为害外，还为害幼果。第三代幼虫除卷叶为害外，还将叶片粘缀在果面上于其中食害果肉，这代幼虫为害直至9月上旬，然后陆续老熟爬行到树皮缝或树洞中作茧、化蛹转入越冬，10月中旬全部转入越冬。

（2）防治方法

① 潜所诱杀：8月下旬，在树干上绑草环，诱其幼虫在其中化蛹，10月下旬后将草环解下烧毁。

② 刮树皮：在冬季用胶泥堵树洞，刮除老翘树皮，集中烧毁。

③喷药防治：用性诱剂或黑光灯诱蛾，观察诱蛾高峰期进行预测预报。越冬代成虫产卵前期3～4天，卵期13天，故蛾峰后15天用药。第一、二代成虫产卵前期2天，卵期6～7天，蛾峰后7天用药。可用药剂：4.5%高效氯氰菊酯乳油或水乳剂1500～2000倍液、5%高效氯氟氰菊酯乳油3000～4000倍液。

11. 枣桃小食心虫

枣桃小食心虫简称枣桃小，又名枣蛆。它以幼虫蛀果为害，把虫粪留在果内枣核周围，形成"豆沙馅"。发生严重时，造成大量落果，严重影响产量和枣果品质。

（1）发生规律

一年发生一至二代。以老熟幼虫在土壤中结一扁圆形似黄豆大小的冬茧越冬。越冬茧集中分布在冠下近树干1米内的土中，尤其是近树干处最多，山地枣园越冬茧在冠下石块、土块、杂草缝中也较多。越冬茧分布在12厘米表层土中，约有80%的冬茧在3厘米左右表层土中。翌年5月中下旬越冬幼虫出土，多在背阴面的土缝、石缝、杂草等处结一夏茧（麦粒形）化蛹，出土盛期在5月下旬至6月上中旬，可一直延续到7月上中旬。幼虫出土早晚和数量与降雨有关，干旱年份出土较晚，数量少，若在5—6月降雨量大，雨后则出现一个出土高峰。若出现多次小雨，则每次雨后出现一个小出土高峰，越冬代蛹期8～10天。越冬代成虫自5月下旬至8月上旬发生，盛期在6月下旬至7月上中旬。产卵前期2～3天，卵期6天，雌虫平均产卵量为30粒，最多可产160粒。70%以上的卵产在枣叶背面近叶柄中脉处。幼虫孵出后在果面上爬行10～60分钟就蛀入果内串食。在果内发育23天左右老熟后多在近果顶处咬一圆形孔脱果。脱果早的在地面作夏茧化蛹，以后羽化，交尾产卵，发生第二代，继续蛀果为害，至9月中下旬陆续脱果后入土作冬茧越冬。

（2）防治方法

①扬土晒茧：于秋冬季和早春，把树干周围1.2米、深12厘米的表土，扬开于地表，使越冬茧晾晒，受冻而死。此法可使虫茧死亡90%以上。

②培土压茧：在越冬幼虫出土盛期，将冠下外围土取下，培于树干1.5米范围内，培土厚7～10厘米，把枣桃小夏茧压于土下，可有效阻止其羽化出土。

③及时捡拾落果：深埋或煮熟作饲料。

④做好预测预报，确定地面和树上用药时间：枣桃小的测报采用"性激素诱捕雄蛾配合期距法"进行测报。简便易行，准确可靠。方法是在枣园每隔30～50米在树枝上挂一个性激素诱捕器。诱捕器用口径16厘米左右的大碗，碗内盛0.1%的洗衣粉水，把性诱芯用细铁丝横穿固定在碗的中央，距水面1厘米。将诱捕器悬挂距地面1.5米以便检查和加水。自5月中旬挂到田间，每天早晨检查、加水、清除水内杂物，编号记录每个诱捕器的雄蛾数。诱芯1个月换一次。诱到第一头雄蛾时，正是越冬幼虫出土盛期，是地面用药和培土压茧的最佳时期。在第一个蛾峰后5～7天树上用药，此时是第一代卵盛期末至孵化初期。第二个蛾峰后3～7天为第二代卵孵化初期，进行树上喷药，此时虫态发生更不整齐，故一般用药两次，两次间隔7～10天。多数年份出现多个诱蛾高峰，要认真分析，合理用药。

地面用药：在树冠下喷布48%毒死蜱乳油300～500倍液，要充分喷湿，喷后立即锄耙。

树上用药：48%毒死蜱乳油1200～1500倍液、50%丙溴磷乳油1500～2000倍液、90%灭多威可湿性粉剂3000～4000倍液、4.5%高效氯氰菊酯乳油或水乳剂1500～2000倍液、5%高效氯氟氰菊酯乳油3000～4000倍液。

六、南疆鲜食枣设施栽培技术

（一）南疆设施主要类型

南疆红枣设施栽培的设施类型以全钢架结构的独立塑料冷棚和连栋塑料冷棚为主，也有全钢架结构覆盖棉被的双膜暖棚，以及后墙为砖土混合结构的温棚。设施栽培的品种主要为冬枣。

（二）栽植密度

大棚枣适宜密植栽培，一般株距为1～2米，行距2～3米。适宜采用南北行栽植。

（三）扣棚时间

秋季落叶后，枣树进入休眠期，要打破休眠，必须给予一定的低温。枣树不同品种，休眠期所需冷量差异较大。在0℃～7.2℃模型下，冬枣的需冷量为431小时，大白铃为112小时。冷棚扣棚时间比温棚晚，扣棚时已经安全度过了休眠期，所以不再考虑或采取降温破眠措施。而温棚栽培扣棚时间较早，必须采取覆盖降温措施进行破眠。

1. 冷棚扣棚时间

冷棚保温效果较差，扣棚时间应晚一点。若扣棚时间过早，容易受到降雪或倒春寒影响，枣芽萌发后，寒流袭击，棚内夜间温度降至-1℃以下时，枣芽容易冻死，造成二次发芽，反而推迟成熟时间。冷棚的扣棚时间应根据当地的气候条件确定，以当地最低气温稳定在-3℃以上时为最佳扣棚时间。

南疆地区每年2月上中旬，棚内夜间最低气温不低于-3℃时及时扣棚膜，注意关注当地天气预报，若天气回暖较慢，有倒春寒天气出现，可以适当延迟7～10天扣棚覆膜。4月中下旬坐果后，陆地温度达到25℃以上，逐渐揭开棚膜，先通侧风，再通顶风，让枣树逐渐适应自然环境，避免设施内气温高造成新梢和枣吊旺长，影响花芽分化或落花果。果实迅速膨大期及成熟期如遇阴雨天要及时扣棚膜，避免造成裂果、烂果现象，并注意保持树体通风透光，防止病虫害的发生。

2. 温棚扣棚时间

温棚扣棚时间分为两个时期，前期以降温为主，目的是让枣树安全度过休眠时期，休眠期过后开始升温催芽，开始下一年度的生产。①降温时间：当秋冬季夜间气温持续在7.2℃以下时，可以扣棚降温，扣棚后白天盖草苫，防止棚内增温，夜间揭开草苫并打开通风口，使棚内温度控制在7.2℃以下，创造一个适合枣树休眠的低温条件。扣棚时间为10月中旬至11月上旬。②升温时间：升温时间根据不同品种的需冷量和各地气候条件确定。若升温过早，休眠不充分，则枣树开花不整齐，坐果率低。南疆红枣产区12月下旬至1月上旬可以开始升温。

温棚栽植开始升温不宜太快，宜先覆膜升地温，当地温达到10℃以上时，可以开始升温，这样使地温和气温同步，保证枣树地下根系发育和地上枝叶发育同步。升温方法和降温方法相反，白天揭开草苫提高棚内温度，夜间覆盖草苫进行保温。

（四）温湿度调控

升温后，严格按照枣树不同生育时期的要求调控温度。通过揭盖草苫和揭盖塑料膜，通风换气调节棚内温度。当棚外温度接近或高出棚内枣树生育期所需温度时，可逐渐揭开薄膜，使枣树适应外界环境。果实成熟期管理接近大田管理，但在高温烈日天气正午注意遮阳降温。设施栽培不同生育期温湿度控制指标见表3-7。

表3-7　鲜食枣保护地栽培温湿度控制标准

控温阶段	棚内白天温度（℃）	棚内晚上温度（℃）	湿度控制（%）	关键技术	注意事项
适应期	20~25	5~7	—	扣棚后约7天，缓慢升温	逐渐升温
催芽期	25~30	10~18	30~50	加温期，约20天	防倒春寒

续表

控温阶段	棚内白天温度（℃）	棚内晚上温度（℃）	湿度控制（%）	关键技术	注意事项
萌芽期	20~26	12~18	70~80	约20天，通风控温防高温	高温引起脱蕾
现蕾—初花期	25~30	12~20	70~80	顶部、两侧通风，控温	高温引起焦花
盛花期	27~32	15~20	80~90	部分揭棚，通风控温	防高温焦花
果实发育期	27~37	18~23	30~40	完全揭开大棚	注意防病
果实成熟期	25~35	17~22	30~40	遇雨盖棚，两侧通风	防日灼和裂果

七、南疆枣园管理机械化程度分析

（一）修剪根据

南疆枣树修剪基本上以电动剪、手动高枝剪为主。电动剪的配备率已经达到了80%以上，其效率是传统手工剪枝效率的2~3倍。

（二）植保机械

南疆枣树机械喷药方式主要有两种，一是拖拉机牵引药箱方式，这也是目前运用最多的植保方式，适用于所有的枣园类型。二是四轮悬挂果园风送式喷雾机，其特点是喷射距离远，扩散均匀，采用独立风道设计，风力更大，穿透力强、雾化效果好。目前有一定规模的枣园大部分都采用拖拉机牵引药箱方式喷药，部分规模大的枣园采用四轮悬挂果园风送式喷雾机。小面积种植的枣园一般使用人工背负的电动喷雾器。

（三）开沟施肥机械

主要选用拖拉机悬挂、链式或轮式开沟施肥机，因其结构简单，可以与大部分枣农家中的动力机械匹配，便于安装操作。相较于自走式全自动开沟施肥机，性价比更高，枣农容易接受，推广难度小。

（四）采收机械

目前红枣采收机械还不成熟。气吸式红枣收获机在若羌县、且末县等地持续几年不断推广，但受诸多因素的影响，效果不是很好，目前各地还是以人工采收为主。

自走式红枣捡拾机也在测试阶段，还没有大量推广。2014年，若羌县引进一台昌吉新奥4ZJ-2型手持气吸式红枣捡拾机，该机器具有吸枣、分离杂物的功能，作业效率较高，相当于8~10人的工作量，采收成本为0.8~0.9元/千克。缺点是在行间枝条密集的枣园机器易碰到枣树侧枝而略显不足，需要配合整修修剪打开行距。2018年，若羌县从山东康明斯农业机械有限公司引进4ZJ-120型自走式红枣捡拾机，该机还在不断测试中。

八、南疆红枣生产成本及效益分析

根据调查，南疆红枣亩种植成本约为1635~2380元。其中水费90~300元/亩；人工费850~1200元/亩，肥料300~500元/亩，农药和保花保果剂200~300元/亩。由于红枣机械化率较低，主要成本是人工成本，人工费占总成本的38%~47%，用工来源主要是本地农村，基本为红枣采收、修剪熟练工，其多年从事红枣修枝、采收、开甲等工作，费用约为150~180元/天。

2021年，红枣销售季节南疆红枣地头收购均价为7.3元/千克，其中，灰枣地头收购价为8元/千克，骏枣地头收购价为6.8元/千克。南疆红枣地头收购季节在11月上中旬，此时部分枣含水量略高，处于半干枣状态。由于2021年花期高温导致南疆红枣普遍减产，枣农半干枣亩产量平均在320~480千克/亩，扣除生产成本后，亩收益在-100元~1100元，种植效益不高，很多枣农仍处于亏损状态。

南疆红枣加工与利用现状

第一节　南疆红枣的加工与利用现状

伴随着南疆林果业的快速发展，新疆红枣和果品加工得到了迅猛发展。截至2015年底，全疆红枣等果品贮藏保鲜与加工企业有515家，林果专业合作社达到1300余家，加工产品有400多种，年贮藏保鲜与加工处理能力达到300万吨。林果收入在农民收入中的份额达到25%以上，其中特色林果主产区南疆五地州农民人均林果业纯收入突破3000元，占农民人均年纯收入的三分之一。全区以红枣等林果产品为主的农产品生产、加工、流通等企业已经在全国各地建起了1600多家新疆农产品专卖、代理、加盟店，新疆林果销售网络初步形成。

虽然南疆红枣产业在种植环节具有绝对的优势，但在二、三产业发展中存在短板，导致第一产业的优势没有得到充分发挥。目前，南疆绝大部分枣加工企业主要进行初级加工，即以干枣的清洗、分级、烘干、包装为主，初加工约占加工总量的90%以上，精深加工不足红枣总量的10%。目前，市场仍以销售制干红枣为主，产品同质化现象严重，企业产品研发能力弱，加工企业营利空间不大。

南疆红枣加工产品有枣酒、枣酱、枣粉、枣片、枣汁、枣醋、枣饮料、红枣软胶囊、枣茶、红枣浓缩汁、枣泥、枣糕、枣香精、枣色素等一系列产品。但由于市场开拓能力弱等原因，产品规模化生产程度不高，很多产品目前仅在探索研究和试制、试生产阶段。

第二节　枣主要加工产品及其加工技术

一、制干红枣加工技术

制干红枣即选用充分成熟的鲜枣，经晾干、晒干或烘烤制干而成。在晾晒和烘烤过程中,要避免中午太阳直晒和升温过高过快。制干后的红枣要果面洁净、果形饱满、色泽红或紫红、含水量不高于25%,产品质量等级要符合《制干红枣质量等级》(LY/T 1780—2008)标准。

随着现代科学技术的迅猛发展,大量新型的节能、高效的干燥技术不断涌现,如远红外干燥、渗透干燥、冷冻干燥、超声波干燥等。然而,联合干燥技术由于在提高干燥速率、降低能耗、提高产品质量等方面具有独特的优势,近年来受到国内外学者、工业界、企业界的广泛关注,对此国内外学者已做了大量的研究工作。

二、蜜枣加工技术

蜜枣是以优质红枣或鲜枣、白砂糖、麦芽糖饴为主要原料,添加(或不添加)辅料,经选料、划纹(或不划纹)、去核(或不去核)、清洗、糖制、干燥等工序加工而成 [《蜜枣》(DB13/T 1117—2009)]。按原料和工艺,蜜枣分为原味蜜枣和风味蜜枣。原味蜜枣是以新鲜优质的鲜枣、白砂糖、麦芽糖饴为主要原料,不添加辅料,经划纹、去核(或不去核)、清洗、糖制、烘干等工序加工而成。风味蜜枣则以晒干的红枣、白砂糖、麦芽糖饴为原料,添加辅料,经去核、清洗、糖制、烘干等工序加工而成。

制作蜜枣的品种要求果大,果面平整,形状以长筒形最好,皮薄,核小,含水量低,肉质比较松软。原料枣以白熟期为采收适期。一般多分期采收,加工前按果实大小细致分级,以便于加工,并使成品质量一致。

三、熏枣类加工技术

熏枣又名乌枣,是以新鲜的脆熟期枣为原料,经水煮、窑熏、阴凉等工艺精制而成,其色泽乌紫明亮,花纹细密,带有特殊的香甜味。熏枣的营养价值较高,具有较好的滋补和保健作用,在我国南方地区和东南亚国家具有较广阔的消费市场。

熏枣加工工艺包括:选料、分级、清洗、煮制、熏制、烘烤、包装。加工熏枣对原料要求十分严格，采收脆熟期的枣果，以果形大而圆、肉厚质细、核小干物质多、无皱无伤无虫、皮色深红或紫红的枣果品质为佳。烫煮和冷却激枣是加工熏枣的关键技术之一，烫煮过度易使枣果表面出现细小裂纹，激枣时不能形成均匀的皱纹，烫煮不足形成的纹浅而不匀。熏烟是熏枣加工的关键工艺过程，它是依靠燃料不充分燃烧而产生的烟和热来完成的。熏制时应使烟浓度尽可能大，并将池内温度控制在50℃～60℃。成品质量要求为紫黑色，滋味纯正，无杂质异味，符合食品卫生标准。

四、枣粉类加工技术

枣粉是以红枣、红枣汁、红枣浆或其他红枣制品为主要原料，添加（或不添加）辅料及食品添加剂，经干燥等工艺制成的疏松、均匀的粉末状产品［《枣粉》（GH/T 1361—2021）］。目前生产枣粉的工艺主要是喷雾干燥、冷冻干燥和真空干燥等。枣粉因具有营养价值高、方便贮藏及运输等特点，引起了越来越多的研究者关注。但枣粉中富含糖类和有机酸等无定形物质，在常温下极易吸湿结块，严重影响了枣粉的品质，如何防止枣粉结块是枣粉加工和贮藏过程中的一个难题。目前，国内外红枣粉的加工生产遇到技术瓶颈，不能进入工业化大规模生产阶段。喷雾干燥法生产红枣粉因其糖含量较高而导致枣粉粘壁、喷嘴堵塞等生产问题，甚至会出现枣粉焦化现象，严重影响枣粉的感官品质。生产中急需一种成本低、加工方便、产品品质高的红枣粉加工技术。

五、脆干枣类加工技术

枣脆片作为休闲食品，口感酥脆，滋味浓郁，它保持了原有红枣的营养风味，且使红枣中部分营养和功能组分更利于消化吸收，是一种营养健康的深加工产品。目前，红枣脆片一般采用低温油炸脱水技术或冷冻干燥技术进行生产。枣脆片虽然有一定量生产，但其品质评价体系还不健全，需要进一步从感官和理化特性、营养与功能、贮藏与安全性等方面完善品质评价体系。

六、枣泥加工技术

纯枣泥加工过程一般是：挑选无虫咬和无霉烂的红枣，冲洗干净后放到砂锅或不锈钢锅中，加水至红枣淹没，旺火煮开后改用小火至红枣熟透，捞出后捣烂成泥，装入纱布袋挤压过滤，使枣核、枣皮留在袋内，纯枣泥滤出。有报道指出，添加柠檬酸0.15%、蔗糖8%和海藻酸钠0.6%制成的红枣泥酸甜适度，口感柔和细腻，风味宜人，色泽自然，组织状态良好。红枣泥的最佳微波杀菌工艺条件为：微波功率800瓦、灭菌时间90秒、物料量100克。

七、枣果酒加工技术

红枣酒最早见载于北宋，源于山西晋中，红枣酒中含有的维生素C、核黄素、硫胺素等人体所需要的营养物质，有健脾和胃、补气养血、清肝明目的功效，是以红枣为原料经过发酵生产的一种果酒。红枣酒的开发为红枣的综合利用及新产品研发提供了新思路。现阶段，人们对红枣酒发酵工艺、理化特性进行了大量研究，不断提高其品质，使之成为有益于人体健康的饮品。

与其他用作酿酒原料的水果相比，红枣具有独特优势。首先，红枣枣中的可发酵性糖含量高，更易生产出酒精度高的果酒；其次，红枣中的多种功能性成分经发酵进一步溶出，既保留了红枣原有的风味和多种功能性成分，又通过发酵产生了新的物质成分，进一步提高了红枣酒的营养价值。

目前，市场上销售的红枣酒多为人工配制酒以及红枣酒厂和农户自家酿造的发酵红枣酒。红枣酒厂的红枣发酵酒生产工艺多根据葡萄酒的生产工艺而来。但是由于红枣含水量低，干物质含量远高于葡萄，红枣酒不可直接压榨取汁，必须加入一定量的水来提高枣汁的量，生产工艺复杂。另外有一些果酒厂在发酵其他果汁时加入枣汁一同发酵，但这种生产工艺并不能反映红枣自身的特点。目前红枣酒生产中的主要问题有四点：一是枣虽然品种多，但并没有专门用于酿酒的品种；二是没有挑选出专门用于红枣酒发酵的酵母菌种；三是红枣酒发酵过程容易产生絮状物，从而导致成品酒浑浊，有沉淀物；四是目前红枣酒加工厂生产规模小，专业化程度低，成品酒质量差。

八、枣醋加工技术

枣醋是以红枣的果实、浸提汁或红枣加工后的渣滓为原料，经过酒精发酵和醋酸发酵阶段酿造而成，是集良好口味、营养保健功能于一体的饮品。枣醋具有红枣和食醋的双重保健功效，富含250多种营养成分，如矿物质、维生素、氨基酸、烟酸、白藜芦醇等，对人体有良好的功能作用，如有降血压、降血脂、降血糖、提升免疫力、降低胆固醇、清除自由基等功效。

枣醋的发酵工艺相对比较成熟，采用不同品种、处理方法、菌种和发酵控制条件酿造出的各种不同特性的果醋产品，在口感、营养及功能性方面有很大差异。国外的研究多侧重于对酿造果醋的各种成分，包括功能性成分含量的测定，国内的研究多侧重于果醋酿造工艺的开发与优化。枣醋的制作按照原材料进行区分包括鲜枣制醋、枣汁制醋、枣渣浸泡制醋3种。采用鲜枣果或干枣破碎榨汁，枣汁经过酒精发酵过程和醋酸发酵过程成为枣醋，此方法成本低廉，生产周期比较长，适于调味果醋的制备。采用鲜榨浸提或熬制后的枣汁经过酒精发酵和醋酸发酵过程酿造产生醋酸，其生产成本比较高，工艺相对复杂，但生产周期较短，适于果醋饮料的制备。将干枣或者鲜枣浸泡于适宜浓度的酒精或食醋中，待枣中的香气物质、糖类、有机酸等其他组分进入酒精溶液或食醋溶液后，再进行醋酸发酵，此方法工艺简单，香气成分丰富，适于调味醋和果醋饮料的制备。枣醋的发酵以固态发酵、液态发酵、固液混合发酵为主要发酵工艺。

目前，枣醋产品的市场认可度需要进一步提高，在产品研发时应更注重口感和营养功能的平衡。针对枣醋研发的专用菌种较少，关于多菌种联合发酵及固定化酿造方式的研究不足，传统的果醋发酵工艺存在某些功能性物质减少的现象，对其发酵机理的研究还未展开。在未来研究中应多侧重于专用菌株的培养和不同发酵工艺的应用。对于果醋功能成分的研究比较单一，目前主要侧重于抗氧化功能活性的研究，并且体外实验和临床数据较少，未来研究中应当系统研究枣醋中功能成分的作用。

九、枣汁类加工技术

枣汁是红枣经过取汁、调配、灭菌等工艺制成的可直接饮用的成品。它能最大限度地保留枣的活性成分，还原其原料本身具有的独特香味，营养价值高。枣汁可以改善食物的营养构成，补充膳食中的维生素、多糖等活性物质，同时也可以当作加工过程中的半成品，用于复合饮料、保健品调味等工艺中。

枣汁加工工艺中仍存在着枣出汁率低、稳定性差、二次浑浊等问题，导致枣的利用率低，枣饮料的口感下降。此外，枣汁在加工过程中会因褐变而导致颜色加深，影响品质。

十、枣提取物加工技术

枣提取物是以枣为原料，经热水提取、过滤、减压浓缩、添加麦芽糊精调配、喷雾干燥、包装等工艺加工而成的枣加工产品。枣提取物用作普通食品加工用配料，不直接食用。

十一、枣深加工新技术简介

（一）新型分离技术

目前食品的加工生产除了要满足色、香、味，以及食品安全卫生标准，还要尽可能地保存食品的营养价值。一种产品的获得往往要经过多种提取分离技术协同应用才能达到要求。近年来，新型分离技术在食品加工领域的应用越来越广泛，在某些方面，它比传统的分离技术更具有优越性。例如，在果汁的浓缩过程中，采用反渗透膜可以更好地保持果汁中维生素、氨基酸以及果香成分；采用超临界萃取工艺提取啤酒花中有效成分、食用香精香料、咖啡等，可以不破坏有效成分，无有毒有机溶剂残留且提取效率高。新型分离技术包括超临界流体萃取、基于新材料的膜技术、超声波萃取、分子蒸馏、微波萃取等。

（二）新型电场技术

电场处理可有效降低食品加工工艺如杀菌、钝酶、干燥等所需要的温度，解决热敏性食品在高温处理过程中存在的色、香、味、营养、质构、功能和安全变化的问题。目前，常用的电场技术包括欧姆加热、高压脉冲电场和磁感应电场等。在处理过程中，食品本身温度变化不明显，可克服加热引起的维生素破坏，减少风味物质和营养成分的损失。同时，该技术处理时间相对较短，热能损失少，对食品成分的破坏较小，能最大限度地保留食品本身的风味、色泽、口感和营养价值。

（三）超高压技术

超高压技术，即高静水压技术，是指将食品原料包装后密封于超高压容器中（常以水或其他流体介质作为传递压力的媒介物），在一定的压力和温度条件下加工适当时间，引起食品组分非共价键（氢键、离子键和疏水键等）的破坏或形成，使食品中的酶、蛋白质、淀粉等生物高分子物质失活、变性等，并杀死食品中的细菌等微生物，达到食品保藏和加工的目的。作为一项非热加工技术，超高压技术对营养成分的破坏较小，能够迎合消费者对"天然、营养、安全"食品的需求。同时，超高压处理不会对食品分子结构中的共价键产生作用，因此超高压处理对果蔬中的维生素、酚类物质、矿物质等营养活性成分没有或只有微小的影响，能够较好地保留这些营养成分。

（四）超声波技术

超声波属于机械波，为声波的一部分，频率大于20千赫。超声波技术在食品生产中是一种很好的非热物理加工新技术，它作用于食品能引起食品组分的一些理化变化，从而影响食品的营养价值。与其他加热方法相比，超声波处理食品既能够对食品表面及内部进行快速杀菌，有利于食品营养和风味物质的保存，又能使食品在贮藏期间的营养价值得到保持。

（五）超临界二氧化碳技术

当物质气体状态温度不超过某一特定温度时，进行加压处理可使其液化，而当气体状态温度高于该温度时，无论采用多大压力都不能使其液化，此温度即为该物质的临界温度。在临界温度下,将物质由气体状态转变成液体状态所需的最低压力则称为该物质的临界压力。当系统处于高于临界压力和临界温度的状态时,气相和液相的界面消失,这时称为超临界状态。超临界流体是指处于超过物质本身的临界温度和临界压力状态的流体。萃取是超临界二氧化碳最成熟的应用,已从实验室扩大到试验示范和许多商业应用上,包括咖啡和茶的脱咖啡因。超临界二氧化碳技术作为一种新型的食品加工技术,可以对食品成分进行萃取、对有害微生物进行杀菌、对食品进行干燥等。相比于传统食品加工技术,可以更大程度地保持食品的风味以及营养活性。

(六)冷冻干燥技术

冷冻干燥又称升华干燥或真空冷冻干燥。冷冻干燥是将含水量较高的物料首先冷却到该物料的玻璃化转变温度或者是共晶点以下,使得物料内的大多数水冻结成冰晶,剩下的水分和其余物料会形成非晶态(玻璃态)。真空冷冻干燥的物料处于冻结状态的,在真空下,对已冻结的物料进行低温加热,使物料中的冰晶升华以达到对物料进行升华干燥。食品质量的优劣通常通过食品的营养价值来衡量,对于一些具有功能物质的食品,常常需要注意这些营养物质的保留。真空冷冻干燥将冻结物料中的冰晶直接升华成为水蒸气达到食品脱水的目的,这样在高温下易氧化分解的物料就得以保存。真空冷冻干燥技术作为脱水干燥高新技术,适合于生产一些高品质食品,可以保持食品中原来的营养成分。

(七)等离子体处理技术

等离子体是一种宏观呈电中性的电离气体,主要由电子、正负离子、自由基、基态或激发态分子和电磁辐射量子(光子)等组成。由于其正负电荷总量相等,所以叫作"等离子体"。等离子体在放电过程中会发生500多种物理和化学反应,进而产生大量活性化学组分(活性氧和活性氮等)、带电粒子(电子、正负离子等)和电场、紫外线、激发态和亚稳态离子等。这些活性组分蕴含很高的足以破坏化学键的能量,可以引发一系列的物理、化学反应。

（八）食品3D打印技术

每个人对不同营养物质的反应是不同的，可能会或多或少地感受到特定食品成分对机体有益或不利的影响，只有通过个性化定制的食品才能满足人们对个人健康状况与体型方面的需求与偏好。食品3D打印是一种基于数据模型，采用可食用材料（如巧克力、面团、奶酪、水凝胶、肉类等）逐层沉积的方法制造实体产品的技术。与通过人工操作自动化来减少人的参与、基于机器人技术的食品制造不同，食品3D打印技术允许用户根据自己对食品的形状、颜色、味道及营养的需求来设计和制造食品，能为消费者创造一种完全不同的食物品尝理念。

（九）食品营养加工新型生物制造技术

微生物发酵是指利用微生物，在适宜条件下，将原料经过特定的代谢途径转化为人类所需要的产物的过程。乳酸菌不仅可以增加食物的营养价值、延长食品保质期、赋予食用者健康益处，还可以通过分泌黏蛋白增强自身黏附定植能力，从而竞争性地排除致病菌，有效抑制致病菌生物膜的形成及对细胞表面的黏附作用。基因工程、细胞工程、发酵工程、酶工程等生物技术促进了食品新材料和新技术的发展，大大提高了生物原料的利用效率，有效改善了食品品质和营养结构，为食品工业的飞速发展奠定了良好的基础。

（十）纳米包埋技术

食品功能因子可以分为活性多糖类、功能性甜味剂类、功能性油脂类、肽和蛋白质类、维生素类、矿物质类、酸（酯）与萜类化合物类、酚类化合物和活性菌类。然而，许多食品功能因子具有易氧化降解、对外界环境（如光、热、氧、酶、金属离子）敏感等缺陷，在食品生产加工、贮藏以及人体胃肠道环境中很不稳定，这不仅严重削弱了其生理功能的发挥，同时对食品的质构、感官和风味造成不良影响。针对食品功能因子构建的纳米递送载体是纳米技术应用在食品领域的一个重要体现，是食品纳米技术研究的热点。递送载体即用于包埋、保护和控制释放生物活性组分的体系，是解决功能因子溶解性差、稳定性差、机体内生物活性低等问题的强有力手段。相较于传统递送体系，纳米尺度的递送载体具有特殊的小尺寸效应和表面效应,不仅能更好地保护负载的功能因子,同时表现出更优异的体内吸收、缓控释放和靶向性能。

第三节　枣精深加工与智能制造新技术分析

现代高新技术和装备大量应用于红枣加工。例如,食品和包装机械标准与检测、数字化设计与虚拟设计、计算机视觉技术、纳米及新材料技术和分子营养递送、食品安全与溯源系统、节能高效蒸发浓缩技术装备、冷加工杀菌技术装备、智能化高速贴标与激光喷码技术设备、智能化色选技术装备、鲜活农产品保鲜包装技术装备、物理与生物改性技术装备、电光机一体化、食品柔性制造和3D打印食品、食品绿色生物制造、"互联网+食品"或"食品工业+互联网"、食品生产与管理过程的信息化和智能化等。

多学科交叉融合创新食品产业链。大数据、云计算、物联网、基因编辑、生物技术等深度交叉融合正在颠覆食品传统生产方式,催生一批新产业、新模式、新业态。在未来的食品工业,合成生物学、物联网、人工智能、增材制造、纳米技术等技术,将解决食物供给危机。

一、枣粉类加工新技术分析

近年来,枣粉加工产业已经成为一个热点。目前市场上加工生产枣粉工艺主要分为两大类:一是直接将枣制干后制粉;二是用枣浆或浓缩枣汁干燥制粉。固体枣饮料的研究主要集中在干燥方式上面,包括喷雾干燥、真空冷冻干燥、微波干燥、真空干燥等。

枣粉作为红枣的新型制干品,广泛应用于固体饮料、甜食及保健品中。然而,枣粉含糖量较高,在快速干燥或粉碎过程中,呈无定形亚稳态,在高温高湿环境中极易吸湿、结块,导致产品质量降低。国内外在粉体食品吸湿、结块问题上,大多聚焦于添加抑制吸湿剂或抗结剂,如添加二氧化硅、大豆分离蛋白、淀粉、麦芽糊精、硅酸钙、硬脂酸钙、硬脂酸镁、微晶纤维素、环糊精等。其主要通过提高粉体食品玻璃化转变温度、形成防潮屏障、抑制晶体生长等方式改善粉体食品流动性和分散性，进而防止结块的发生。

喷雾干燥制粉是果蔬粉加工中最常用的方法，喷雾干燥是将物料雾化并与热空气接触，使水分迅速变为气体，经过旋风分离器分离后，得到干燥产品。这种方法可以直接使料液干燥成颗粒、粉状产品。料液未经调配，单纯进行喷雾干燥的效果差，十分容易产生粘壁现象。因此需要添加一定比例的助干剂，提高出粉率及产品品质。

真空冷冻干燥可以保持物料的结构，最大限度地保持新鲜果蔬的色、香、味，以及维生素、蛋白质等营养成分。真空冷冻干燥可以在低温条件下转移水分，将含水的食品温度降到冰点以下，使水冻结为冰，并在较高真空度下将冰升华变成水蒸气而脱离食品。真空冷冻干燥的产品复水性好，产品的贮藏稳定性增强，因此这一技术被广泛地应用于食品加工中。

微波干燥是果蔬干燥的新技术，它可以使物料内部以及外部同时加热，其热传导的方向随着水分扩散方向变化，大大地提高了干燥速度。该技术可明显提高产品的集粉率以及感官品质，还可极大限度地节省生产能耗。

真空干燥，又被称作"解析干燥"，是将物料置于一定的真空度下，在真空负压的条件下让水的沸点由100℃降到更低温度，并开始蒸发，所需的时间较短，可以很快完成食品的干燥，极大地提高了生产效率。真空干燥需要的温度较低，有利于一些热敏性物料的干燥。利用真空干燥技术将去核红枣制成干枣，再经过粉碎机粉碎后可得到枣粉。

红枣干燥制粉后，营养价值大大提高，其富含的营养物质也更容易被人体消化吸收，使膳食纤维得以充分利用。枣粉可以用来生产混合营养咀嚼片，还可以调配成多功能的营养粉，或者当作辅料加入其他食品中，不仅能够提高食品营养、色、香、味，还极大地扩大了产品的种类。将枣粉作为日常红枣的替代品食用，可以满足很多特殊消费人群的需要，如老年人、婴幼儿、病人、航天航海人员等人群的需要。

市场上的果蔬粉加工具有很广阔的前景,红枣粉的加工技术也多种多样,包括酶解辅助喷雾干燥、真空冷冻干燥、微波干燥、变压差膨化干燥技术等。气流超微粉碎可有效改善果粉的物理特性,随着超微粉碎的时间增加,果粉的持水力、持油力、色泽、质地、粒径等各项指标均变好,流动性和溶解性也明显降低。超微化可以使红枣粉的物理性能提高,得到更好的口感,营养成分也更容易被人体消化吸收。超微粉碎技术通过与传统红枣粉加工技术相结合,是一种更加高效优质的方式,也是我国红枣粉加工技术未来的发展方向。

二、枣汁类加工新技术分析

红枣汁饮料是指以红枣为原料,经过物理方法(如压榨、浸提等)提取而得到的汁液,或以该汁液为原料,加入水、糖、酸及香精色素等而制成的产品。红枣汁饮料含有红枣中所含的各种可溶性营养成分,如矿物质、维生素、糖、酸等,因此营养丰富、风味良好,无论在营养或风味上,都是十分接近红枣的一种制品。红枣汁一般以提供维生素、矿物质、膳食纤维(混浊果汁和果肉饮料)为主,其营养成分易为人体所吸收,除一般饮用外,也是很好的婴幼儿食品和保健食品。但是不同种类的红枣汁饮料产品的营养成分差距比较大。澄清红枣汁饮料制品澄清透明、比较稳定,为消费者喜爱,但经过各种澄清工艺处理,营养成分损失较大;而混浊红枣汁饮料因含有果肉微粒,在营养、风味和色泽上都比澄清汁好。

红枣汁饮料因为营养丰富,口味纯正,越来越受到消费者的青睐。但如果产品生产过程中的安全控制系统不完善,就会使产品中存在着物理的、化学的和生物的危害,给消费者的身体健康造成危害。《果、蔬汁饮料卫生标准》(GB 19297—2003)规定了果、蔬汁饮料的指标要求、食品添加剂、生产过程的卫生要求、包装、标识、贮存、运输要求和检验方法,此标准适用于以红枣为原料加工制成的汁液,可加入其他辅料,经相应工艺制成的可直接饮用的饮料,也适用于低温复原果汁;中华人民共和国国家标准《饮料通则》(GB/T 10789—2015)规定了饮料的术语和定义、分类、技术要求,适用于饮料的生产、研发以及饮料产品标准和其他与饮料相关标准的制定。

三、枣酒类加工新技术分析

红枣酒的开发为红枣的综合利用及新产品研发提供了新思路。现阶段，人们对红枣酒发酵工艺、理化特性进行了大量研究，不断提高其品质，使之成为有益于人体健康的饮品。另外，通过对国外葡萄酒酿造的研究，可以促进红枣酒酿造技术的发展，有利于更好地提高红枣酒的感官品质。我国是酿酒大国，虽然在果酒酿造技术领域起步较晚，但通过长期的摸索实践与积累学习，对果酒酿造工艺的研究进展较快。

单一原料发酵红枣酒是以红枣为原料发酵而成的果酒，相对于混合原料发酵，红枣酒更能保留其原始香气，体现红枣酒特色。目前对红枣酒发酵工艺的研究主要为浸提工艺和主发酵工艺。复合原料红枣酒是指将红枣与其他原料搭配混合发酵而成的果酒，其具有红枣和其他原料的感官风味和保健功效，弥补了单一红枣酒在色、香、味及营养成分或保健价值方面的不足和缺陷。

不同的预处理方式会影响红枣酒的特性，目前对原材料的预处理方式一般是改变它的初始状态。预处理方法和酵母对红枣酒的质量都有影响，且预处理效果更显著。其中带枣皮发酵的红枣酒质量最佳，不仅能提高酒的颜色和风味品质，而且能最大限度地保存枣的生物活性化合物和抗氧化活性。红枣酒的感官特性的差异主要是由枣核的存在所决定的，带枣核有利于形成具积极影响的水果香气和甜味的物质，而无核的红枣酒偏向于草香、酸味、苦味物质的形成。红枣酒的挥发性成分受干燥过程影响较大，与果核的存在关系不大。脉冲处理条件有利于酚类化合物的提取，尤其是咖啡酸、桑色素和对羟基苯甲酸，显著富集了红枣酒的花香和果香挥发物，降低了杂醇油含量。

果酒在制作过程中，可能会因温度、湿度等多种因素的影响，产生一些沉淀，甚至变得浑浊，从而影响果酒的品质。对红枣酒及其他果酒，通常采用添加澄清剂及物理澄清的方法来去除酒体中的浑浊物质、沉淀及其他不稳定成分。陈酿是高品质果酒生产的重要环节。经过较长时间陈酿的果酒不论从味道上，还是从酒体稳定状态上都比刚生产制作出的果酒的品质更好。长时间的自然陈化，在缓慢的氧化、酯化反应下，可以增加酯类、醛类等香味物质，使酒变得醇和、绵软，消除酒体中苦涩等杂味，提升酒体的品质。目前，国内外的酒类企业大多还是使用橡木桶陈酿的方法，不仅耗时长，占用面积也大，对储存条件也有一定的要求。

物理催陈法、化学催陈法、生物催陈法等是酒类产品常用的人工催陈方法。其中物理催陈法包括高温熟化、微波催陈、超声波催陈、电子束辐照催陈、超高压催陈等；化学催陈法包括氧化法和催化法；生物催陈法主要是酶催陈。在红枣酒及其他果酒的陈化研究中，物理催陈法应用较为广泛，而化学催陈法及生物催陈法大多应用在白酒的催陈中。物理催陈法是在体系外，对酒体输入能量促进其陈化的进程加快，而化学和生物催陈法是利用酒体中各类物质之间的相互作用关系，采取相应手段促使其陈化速率提高。与其他催陈方法相比，超声波催陈技术具有低廉的生产成本、空间和人力资源综合占用小、改善果酒的品质等优点，超高压催陈技术对于果酒具有较为明显的陈化效果。因此，对于充分利用超声波及超高压技术逐步促进红枣酒及果酒陈酿技术的应用研究，具有一定的经济效益。

经过一定温度和湿度条件处理的黑化红枣，不仅保留了红枣绝大部分的营养物质，更增强了其本身的抗氧化能力。随着国内酒类消费市场的布局调整、产品结构不断优化，低酒度、高营养的发酵型果酒表现出巨大的市场潜力。由黑化红枣发酵而来的黑化红枣酒，产品口感柔和，枣香浓郁，同时富含环磷酸腺苷、熊果酸、铁、维生素等多种功效成分，具有很大的市场潜力。

第四节　枣营养健康新产品加工创新技术分析

红枣果实中多糖、膳食纤维等营养保健成分含量高。开发枣营养特点的高营养功能性新产品，可提高市场竞争力和经济效益。

一、枣功能性多糖类物质提取加工新技术分析

脱脂：动物多糖及微生物的细胞内多糖的组织细胞多有脂质包围，进行多糖提取前一般需先加入醇或醚等有机溶剂进行回流脱脂。

溶剂浸提：多糖的提取一般是按其溶解性采用冷水浸提、热水浸提、碱提、酸提、乙醇水溶液提取等方法进行提取。

难溶于水，可溶于稀碱液者：水浸—0.5M碱提—酸中和—醇沉。

易溶于热水，难溶于冷水、乙醇者：热水浸提—除蛋白—醇沉。

黏多糖的提取：黏多糖大多与蛋白结合于细胞中，需碱解法或酶解处理。

酶解处理技术是近年来广泛应用到多糖提取过程中的一项生物技术。在多糖的提取过程中，使用酶可降低提取条件，在比较温和的条件中分解植物组织，加速多糖的释放或提取。由于该技术具有条件温和、易去除杂质、回收率高和节约能耗等优点，现已成功地用于桑葚多糖、银耳多糖等多种多糖提取工艺。

除蛋白：粗多糖中往往含有蛋白质，而且许多糖成分还与蛋白形成糖蛋白的复合物，所以，对提取的多糖进行除蛋白质的处理是很有必要的。

一般除蛋白质的方法有多种，如Sevage法、三氟三氯乙烷法、三氯乙酸（TCA）法、酶法等。

脱色：含色素较高的根、茎、叶、果实类植物多糖还需要根据情况进行脱色处理。常用的脱色方法有：吸附法、离子交换法、氧化法、金属络合物法。

吸附法中主要包括DEAE-纤维素、硅藻土、活性炭等。目前，最常用的吸附脱色材料是DEAE-纤维素。它是一种离子交换剂，通过离子交换的作用达到脱色的目的。同时，它还可以作为分离纯化多糖的一种技术。

氧化法中最主要的是过氧化氢氧化法，结合色素一般用此法去除。

分离纯化是将多糖混合物分离为单一的多糖的过程。常规方法分离得到的粗多糖非常复杂，包括不同多糖（中性多糖、酸性多糖或杂多糖）的混合，同种多糖大小分子的混合，必须采取适合其特点的方法进行分离纯化。分离纯化

的方法主要有超滤法、分级沉淀法、柱层析法。

超滤法：此法是对多糖去蛋白质后的提取液采用中空纤维超滤膜，通过超滤去除小分子杂质。

分级沉淀法：分级沉淀法可分为有机溶剂法、盐析法和季铵盐沉淀法。有机溶剂法是根据不同多糖在不同浓度低级醇、酮中具有不同溶解度的性质，向多糖溶液中从小到大按比例加入甲醇或乙醇或丙酮进行分步沉淀。盐析法是根据不同多糖在不同盐浓度中具有不同溶解度的性质，加入不同盐析剂使之逐步析出。常用的盐析剂有硫酸铵、氯化钠、氯化钾等，以硫酸铵效果最佳。季铵盐沉淀法是通过利用季铵盐能与酸性多糖成盐形成不溶的多糖化合物的性质，可实现在酸性、中性、微碱性和碱性溶液中分级沉淀分离出酸性多糖的目的。一般来说，在此沉淀法中，酸性强或相对分子质量大的多糖首先沉淀出来，所以控制季铵盐的浓度能分离各种不同的酸性多糖。

柱层析法：柱层析法一般可以分为凝胶柱层析和离子交换柱层析。凝胶柱层析法：常用的凝胶有葡聚糖凝胶和琼脂糖凝胶，这类柱层析法利用凝胶的网孔大小，根据多糖分子的大小和形状的不同而达到分离不同多糖组分的目的。在层析过程中，以不同浓度的盐溶液和缓冲溶液作为洗脱剂，从而使不同大小的多糖分子得到分离纯化。但此法不适用于黏多糖的分离。离子交换柱层析法：离子交换柱层析法常用的交换介质有DEAE-纤维素、DEAE-葡聚糖凝胶、DEAE-琼脂糖凝胶。此法最常用的是DEAE-纤维素，其优点是可吸附杂质、纯化多糖，并适用于分离各种酸性、中性多糖和黏多糖。常用的洗脱剂为水、盐缓冲溶液或酸碱液。

二、枣膳食纤维类物质提取加工新技术分析

膳食纤维被称为"第七营养素"，是一大类不易或不能被肠胃消化分解的植物营养素，大部分源自植物细胞壁，包含纤维素、半纤维素、β-葡聚糖、果胶及木质素等。大量研究表明，红枣中富含膳食纤维，是一种很好的提取膳食纤维的原材料。

目前国内红枣膳食纤维的提取方法包括物理法（超微粉碎法、挤压膨化法、超高压技术法）、化学分离法（水提法、酸碱法）、生物技术法（酶法、发酵法）、化学试剂–酶结合法。而枣膳食纤维的提取主要用到酸碱提取法、酶法、发酵法、化学试剂–酶结合法。

酸碱提取法是一种传统的方法，常用于获取不同来源的膳食纤维，一般需结合高温进行提取。成本低，但获得的提取物品质较差，酸、碱味难以去除，而且对环境造成污染。

酶法获得膳食纤维是生物技术在食品中的应用，即利用酶反应的高度专一性，将纤维素、果胶质、木质素等胞壁成分降解，减小膳食纤维从胞内向胞外扩散的阻力，缩短提取时间。具有快速、高效、无污染等优点，且通过酶法改性获得的可溶性膳食纤维与大部分天然存在的不溶性膳食纤维相比，具有明显的生理功能优势。

发酵法是在枣渣中接入菌种进行发酵，利用菌种仅分解多糖、蛋白，而不分解膳食纤维的特点来制取膳食纤维。发酵法制成的膳食纤维在色泽、质地、气味和分散程度上均优于化学法制成的膳食纤维，且在持水力和得率上也具有明显的优势。研究发现，利用保加利亚乳杆菌、嗜热链球菌、植物乳酸菌复合发酵提取枣渣中的不溶性膳食纤维，得到最佳提取工艺条件为：复合菌种配比1:1:1、接种量为0.5%、料水比为1:19.7、发酵温度为30℃、发酵时间16小时，此条件下得率为18.13%。

采用化学分离法制取的膳食纤维多含蛋白、淀粉等多种杂质，要制取高纯度的膳食纤维需结合相关的酶进行处理。化学试剂–酶结合法是指在使用化学试剂如酸、碱处理的同时，用各种酶（如α–淀粉酶、蛋白酶、淀粉葡糖苷酶、纤维素酶等）降解膳食纤维中的杂质。有研究报道，以枣渣为原料，采用酶法水解淀粉，碱法水解蛋白质、脂肪的提取方法提取枣渣可溶性膳食纤维，结果表明在最佳工艺条件（糖化酶添加量0.4%、纤维素酶添加量0.5%、酶解时间60分钟、碱解酸碱度为12、碱解温度70℃、碱解时间90分钟）下，可溶性膳食纤维得率可达11.32%。

目前有关膳食纤维结构性质和生理功能的研究还比较少,已有的研究多集中于部分多糖类物质,且与膳食纤维的界定比较模糊,因此未来应加强此方面的研究。

另外,目前红枣膳食纤维的应用还很少,局限于个别保健品、面点类产品。未来应在快速优质提取红枣膳食纤维的基础上,拓宽其在食品领域、护肤品领域的应用范围,以此缓解红枣产量过剩、资源浪费的问题,也能为红枣生产创造更多的经济效益。

三、枣环磷酸腺苷类物质提取加工新技术分析

国内外研究发现,红枣中含有丰富的环磷酸腺苷,是一种优质的环磷酸腺苷提取资源。不同种类的红枣鲜果的环磷酸腺苷含量约为1.23~99.60微克/克,平均含量为12.53微克/克。红枣的环磷酸腺苷含量最高,约为酸枣的2倍,是梨、桃的近千倍。环磷酸腺苷对人体细胞的分裂、分化以及细胞外部形态的形成,对类固醇的合成,糖原以及脂肪分解释放能量等生理和生化过程具有一定的调节作用,并通过对基因转录的调节作用来影响蛋白质的合成。已有研究表明,环磷酸腺苷具有阻止肿瘤细胞的繁殖与形成的功能,据统计,环磷酸腺苷具有广泛调节生物体生理生化过程功效,人类至少有40多种疾病(包括心肌梗死、冠心病、心源性休克、高血压等重大疾病)与环磷酸腺苷的代谢调控相关。

目前,环磷酸腺苷常见的生产方法有微生物发酵法、化学合成法及天然产物提取法。微生物发酵法存在培养周期长、产量低等缺点;化学合成法的不足之处是化学试剂残留,易污染环境;而天然产物提取法中的水提法和醇提法存在耗时长、所需条件较高等问题。低共熔溶剂(DES)作为一种新型、绿色的高效溶剂,主要是由氢键受体和氢键供体组成,相比于传统的有机溶剂,DES不仅环保、无毒、可生物降解,而且还具有生产成本低、可回收和易于生产的特点。

另外,物理微波辅助水酶法在红枣环磷酸腺苷提取方面具有良好的发展

前景。已有研究发现，与传统溶剂法和超声波辅助法相比，微波辅助水酶法提取量高、提取时间短、能耗低。微波辅助水酶法提取技术利用微波热效应和分子振动降低反应活化能的非热效应，可以缩短酶解时间，从而提高提取效率、降低成本，已被广泛应用于环磷酸腺苷等天然有效成分的提取。

超临界流体萃取技术（SCF）是近些年在天然产物提取分离领域出现的新技术，其原理主要是将二氧化碳作为超临界流体对被提取的物质进行提取。SCF的主要优点包括操作方便，易于控制，所用流体溶剂无毒无害，提取产物中不会残留溶剂，对提取物的纯度影响小。此技术在产率上有较大的提高，缺点在于对设备有较高的要求，能够使用的溶液较少，大规模生产受一定约束。目前，国内外提取天然产物中的有效化学成分所用的提取方法基本为超声波、微波辅助萃取法以及SCF，也可以将这些方法结合起来使用，这样对提高环磷酸腺苷的提取率非常有意义。

酶提取法的原理是细胞壁中的有些组成成分可以被酶分解，使细胞壁的结构被破坏，细胞内的有效成分释放出来。将超声波辅助提取法和酶提取法相结合，提取木枣中的环磷酸腺苷，经过提取工艺优化，木枣中环磷酸腺苷的提取量可达154.3微克/克。其提取率与普通水浴法、单一酶法及超声波辅助法相比更高。

南疆红枣销售现状

第一节　南疆红枣销售现状

一、制干红枣的销售现状

由于南疆红枣的冲击，我国传统枣产区的制干红枣基本退出了红枣市场，传统枣产区有很多枣树被放弃管理，导致产量低、品质下降，效益低下。河北和山东等金丝小枣产区面积已缩减到鼎盛时期的30%~50%，剩余的枣树也大多被弃管；陕西和山西黄河两岸的传统木枣产区，枣果大多作为加工原料被低价卖出。传统枣产区也有个别管理好的枣园，其优质枣果也能卖出好的价格，甚至高出南疆红枣的价格。

总体来看，就制干红枣而言，南疆红枣处于绝对的垄断地位。目前国内外无论大型批发市场还是超市、网店，只要是卖制干红枣的，几乎全部是南疆产的，传统枣产区的制干红枣在全国性大型批发市场几乎不见踪影。南疆红枣的这种垄断地位将会长久保持，短时间内不可能动摇。

如图5-1所示，灰枣比骏枣早六七年上市，灰枣的价格从一开始便是中开高走，到2006年价格达到高峰，之后开始下滑。2001年，灰枣价格为20元/千克，到2006年高峰时为36元/千克，2020年跌至谷底，仅为3~4元/千克，2022年略有上升，约为6元/千克。在2010年之前，灰枣价格高于骏枣，之后价格比骏枣低。骏枣在2007年价格为25元/千克，2010年为35元/千克，之后开始下滑。从2015年开始，南疆红枣价格开始出现大的波动。2015—2016年，因受市场经济下行压力加大、南疆红枣产量持续增加、果品品质不断下降等多种因素的影响，南疆红枣价格大幅下滑，骏枣价格在6~9元/千克徘徊。近三年，各地因受新冠疫情影响，红枣市场需求低迷，导致产、销区红枣交易不旺，价格走低。红枣价格的低迷，极大地挫伤了枣农管理枣树的积极性，南疆红枣种植面积不断出现萎缩。

南疆红枣价格因产地不同、级别不同而有变化。总的来说，若羌、和田灰枣和骏枣的价格比阿克苏市场要高一些。如图5-2和图5-3所示，两个品种在价格上有差异，骏枣的价格高于灰枣，但在不同月份两个品种的红枣价格有波动，但波动变化不大。

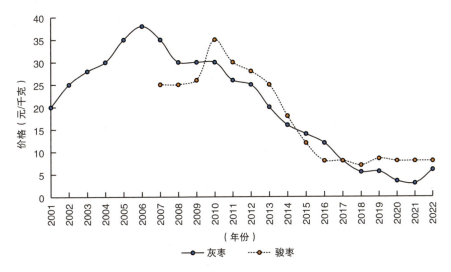

图5-1　2001—2022年南疆红枣枣通货价格走势

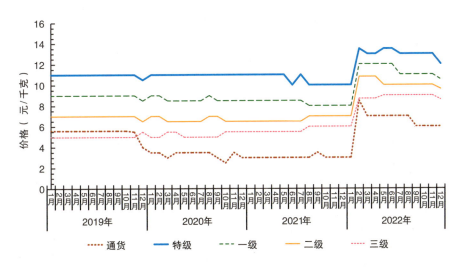

图5-2　2019—2022年阿克苏地区灰枣不同级别果品价格走势

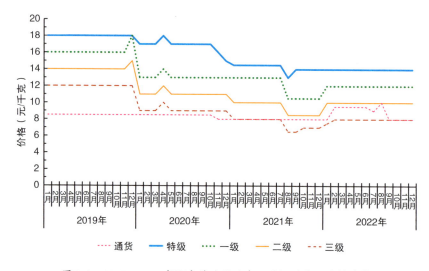

图5-3　2019—2022年阿克苏地区骏枣不同级别果品价格走势

我国传统枣产区的枣市场除了销售南疆红枣之外,也有部分本地枣品种销售。山东乐陵市场有金丝小枣销售,金丝小枣的通货价在3.5～4.5元/千克。山西稷山市场有一定量的稷山板枣销售,通货价6元/千克左右,特级、一级、二级和三级的销售价格分别为14～16元/千克、10～15元/千克、6～10元/千克和4～6元/千克。山西吕梁市场当地木枣的通货价为2～3元/千克,一级、二级和三级的销售价格分别为6元/千克、5元/千克和3～4元/千克。

2022年,总体来说红枣市场行情低迷,购销不旺。随着新冠疫情逐步得到了控制,经济恢复,期望各地市场恢复,需求增长。

二、南疆红枣的销售渠道

按照新疆维吾尔自治区党委、自治区人民政府关于深入推进新疆林果产品疆内收购、疆外销售"两张网"建设要求,实施林果产品市场开拓战略。在国家和19个对口援疆省市的大力支持下,新疆先后在北京、上海、广州、长春、成都、武汉、沈阳建起7个一级营销平台,在全国各地建起了1000多家以红枣产品为主的新疆农产品专卖、代理、加盟店,初步建成以新疆"大唐丝路"、淘宝网新疆馆等为代表的南疆红枣等林果线上销售网络。近年来,在消费能力强、经济增速快的北京、上海、广州、武汉等重点区域，举办各类新疆林果产品博览会、交易会、推介会。通过招商引资、项目签约、展示展销等活动，打造林果外销平台，为展示新疆林果业发展成果，进一步拓宽林果产品市场，打响南疆红枣等林果"金字招牌"，促进林果业提质增效和农民增收起到了积极作用。

2021年，市场上流通的商品化制干灰枣数量约在100万~120万吨。南疆红枣进入市场流通的主要方式为产地收购，其次是产地批发市场交易，产地收购的红枣分别进入经销商仓储和红枣期货交割仓库。南疆红枣主要通过沧州崔尔庄交易市场、郑州红枣批发市场、广州如意坊批发市场以现货交易的形成向全国各地分销，通过各地批发市场分散到农贸市场和超市，进入零售环节。通过产地和中转集散地交易的红枣，半数左右被大大小小的经销商通过电商平台进行零售，以陕西武功为代表的电商聚集地，形成了连接南疆产地与全国消费者的网购零售中转发货点。目前红枣的市场消费量已趋于饱和，但红枣深加工产品尚未在其他密集消费区域打开市场。

据了解，在国内销售渠道中，销售红枣的批发市场约89个，电商约806个，期货交割库数量15个，门店、专柜等2470个。

河北省沧县的崔尔庄"中国沧州红枣批发市场"仍然是全国最大的红枣交易市场，该市场销售的制干红枣95%以上都是来自南疆。南疆的红枣一般通过汽车运输到沧州红枣交易市场，该市场及其周边有红枣加工和销售企业千余家。南疆红枣在此集中和加工，再分销到广州、武汉、上海、北京、南昌、长沙、东三省等地。目前该市场入驻的较大企业有400多家，冷库存量达到100万吨左右，年交易额在350多亿元。其他地区枣的批发市场与新疆阿拉尔、阿克苏、和田、麦盖提、若羌等市场南疆红枣的价格差别不大。

2019年4月30日，红枣期货在郑州商品交易所挂牌上市。该次红枣期货的交易品种为南疆红枣，基准交割品为一级灰枣，基准价格为8600元/吨；红枣期货交易单位为5吨/手；最小变动价位为5元/吨。

红枣期货上市，在红枣产业发展史上具有划时代的意义，将给我国红枣产业带来巨变。开展红枣期货交易，有利于形成合理透明的价格体系，对推动红枣种植结构调整、促进优质优价、规范红枣市场、改善供求矛盾、促进红枣产业转型升级具有重要意义。有利于提高枣农管理枣树的积极性，推动科学化、规范化和标准化管理，提高枣果品质，增加枣农收益。以期货市场为纽带，通过"公司+合作社+农户""期货+订单""保险+期货"的模式，可为枣农、枣商和加工企业提供套期保值、防范价格风险的工具。

第二节　红枣进出口情况

一、涉外销售企业出口红枣情况

南疆有向国外销售的红枣企业5家，共外销红枣950吨、2321万元。这5家企业分别为新疆果业集团有限公司（出口300吨、出口额360万元）、且末县志远红枣农民专业合作社（出口3吨、出口额6万元）、新疆羌都枣业股份有限公司（出口20吨、出口额25万元）、阿克苏鲁家果业农民专业合作社（出口500吨、出口额560万元）和喀什疆果果农业科技有限公司（出口127吨、出口额1370万元）。南疆红枣主要销往韩国、欧洲、东南亚等国家和地区。

二、我国红枣进出口情况

如表5-1所示，近几年我国红枣出口量有所增加，但总量不大。近五年来，2021年出口量最高为20434吨，出口额为6689万美元，平均价格为每吨3273.46美元。进口量不同年份差异较大，2018年进口量仅3吨，2021年进口量达1297吨。进口的国家主要是伊朗、韩国和吉尔吉斯斯坦等国。

表5-1　2018—2022年我国红枣进出口额

年份	出　口				进　口			
	出口量（吨）	同比（%）	出口额（万美元）	同比（%）	进口量（吨）	同比（%）	进口额（万美元）	同比（%）
2018	12627	27.72	3989	19.58	3	−67.91	5	−3.71
2019	12352	−2.17	3577	−10.34	15	400.00	9	100.04
2020	16671	34.96	4756	32.97	516	3345.70	28	194.74
2021	20434	22.57	6689	40.64	1297	151.22	55	97.04
2022 1—9月	15094	3.99	4210	−13.16	125	−90.38	6	−89.94

2021年出口的国家和地区一共有52个（见表5-2），涉及亚洲、欧洲、美洲、大洋洲、非洲等地。出口量在1000吨以上的国家和地区有8个。出口到我国香港地区的量最大，为3831.458吨，其次是越南。出口量在100吨以上的国家和地区有14个，出口量在5吨以上的国家和地区有29个。其余23个国家和地区的出口量低于5吨。

表5-2　2021年红枣出口的国家（地区）和金额

序号	国家（地区）	出口量（吨）	同比（±%）	出口金额（万美元）	同比（±%）
1	中国香港	3831.458	81.51	713.3872	44.49
2	越南	3812.248	61.37	2070.0537	98.95
3	马来西亚	2653.372	−8.70	840.8245	17.84
4	台澎金马关税区	2498.763	−1.10	704.5889	20.76
5	新加坡	1390.582	−22.18	503.6044	−2.21
6	美国	1244.613	38.04	363.0920	38.58
7	泰国	1137.060	42.58	397.7107	45.48
8	日本	1098.364	10.94	421.7574	14.21
9	韩国	925.859	55.43	140.5860	150.76
10	加拿大	578.489	5.00	170.4350	21.21
11	澳大利亚	294.841	29.45	107.4861	27.31
12	印度尼西亚	247.404	−10.73	58.5935	−0.73
13	意大利	130.01	87.12	24.5475	126.83

续表

序号	国家（地区）	出口量（吨）	同比（±%）	出口金额（万美元）	同比（±%）
14	荷兰	105.574	46.75	33.2015	29.17
15	阿联酋	90.19	53.12	12.5338	81.4
16	巴拿马	62.943	−25.76	17.6105	−18.71
17	英国	54.438	21.02	20.2384	22.14
18	中国澳门	45.969	−37.51	11.4377	−32.37
19	法国	35.477	58.49	11.5876	69.72
20	土耳其	33.000	48.65	3.8219	34.57
21	俄罗斯联邦	26.767	104.30	13.1321	87.00
22	德国	23.673	52.94	10.8051	68.14
23	西班牙	23.529	1710.00	3.4992	838.12
24	阿根廷	18.467	130.70	6.0368	169.19
25	阿曼	14.300	—	1.5750	—
26	以色列	10.825	−0.09	2.3038	−35.15
27	新西兰	9.022	54.41	4.2681	100.12
28	比利时	8.779	−44.84	2.3921	−45.68
29	菲律宾	7.910	107.50	7.7886	317.37
30	其他国家（秘鲁等23个）	19.833	—	9.8493	—
合计		20433.759	22.57	6688.7484	40.64

主要红枣生产企业
典型案例分析

第一节　枣第一产业企业典型案例分析

一、和田红紫薇枣业有限公司

（一）公司简介

和田红紫薇枣业有限公司位于新疆和田地区洛浦县北京农业科技示范园区内，地处塔克拉玛干大沙漠南沿、昆仑山北麓，占地面积5000亩，年产骏枣1500余吨。是国家旱区农业标准化"红枣优质高效栽培标准化示范基地""西北农林科技大学红枣新品种新技术示范园"、新疆农业职业技术学院"教学实习基地"，是商务部国际贸易经济合作研究院认证的"信用认证企业"，获第14届和第16届中国-东盟博览会"诚信企业"以及"最具影响力品牌"奖。

2012年11月，公司入驻洛浦县该基地时，基地沙包连沙包、没有一棵草、不见一棵树，是只有骆驼才能通过的一片荒漠。公司共计投入5600余万元，开发沙漠、铺设滴灌系统，建成了标准化的枣园，成为现在夏季绿树成荫、秋季枣果火红的花园式企业。公司建成的枣园改善了当地生态环境，减少了沙尘污染，在沙漠中营造了一片绿洲，为国家实施"双碳"战略贡献了微力。

公司以共同发展为己任，注重与当地的乡村振兴相结合，积极引导当地居民参与枣园生产，收购当地牛羊粪做枣树基肥，为当地农民工提供了200多个就业岗位，累计为当地居民提供务工收入1800多万元、牛羊粪收入1200多万元、其他收入1600多万元，增加了当地农民收入，为当地"脱贫攻坚"、乡村振兴起到了引领示范作用，受到了当地各级政府的表扬。

公司坚持绿色发展理念，充分利用当地环境好、无污染、光照充足和昼夜温差大以及气候干燥植物病虫害少的有利条件，严格按照农业农村部绿色食品生产标准进行管理，主要使用昆仑山草原牧场的羊粪做基肥，并在枣树行间种植油菜做绿肥，增加土壤有机质，尽量减少使用化肥，避免土壤污染。坚持枣园全部人工、机械化锄草，结合地面铺设防草布控制杂草，杜绝使用化学除草剂。公司生产的枣个大肉厚，枣香味浓郁、口感好，获得农业农村部绿色食品认证中心的"绿色食品认证"、国家市场监督管理总局认证中心的"有机食品认证"。公司为社会提供了更加健康的高端食材产品，为践行国家倡导的食品安全尽了一点力。

公司坚持高质量发展，创建名优品牌。公司的"雅戈西"和田大枣荣获2021年果业振兴百强品牌和2019年第16届中国–东盟博览会的最具影响力品牌奖，公司生产的"荒漠甘果""雅戈西"牌和田大枣于2017年7月11日通过中国绿色食品发展中心的绿色食品A级产品认证。公司总经理李绍增先生2017年任北京生命科技产业协会名誉理事，2019年荣获第16届中国–东盟博览会最佳贡献奖。通过品牌效应，进一步扩大和田大枣的影响，加快提升和田精品红枣标准化、产业化、品牌化发展的步伐，增强精品红枣的产品市场竞争力。

公司注重团队建设，有一支以河北农业大学毛永民教授为首的专家顾问组成的技术团队，和总经理李绍增带领的有高级职称、中级职称等职称的10人组成的管理团队，坚持科技优先、务实高效，将枣园建成了新疆区域一流的高产优质枣园。

公司的发展目标是：加强枣园管理，尤其把增施有机肥放在首位，提质增效，每年生产优质红枣总产达到3000吨，增幅达到50%以上。每年投入资金不低于1000万元，延长产业链，完善加工环节是公司当前的一项重要工作，引进生物工程等新技术，实施高端、多元化深加工，增加红枣产品附加值，提升经济效益。力争为当地居民提供300个以上就业岗位，每人每月收入不低于3000元，争取为当地乡村振兴作出更大贡献。

（二）经营模式

公司秉承"诚信经营、追求卓越"的发展理念，坚持"产、学、研"一体化，"产、加、销"一条龙的发展模式，以河北农业大学、西北农林科技大学、新疆农业职业技术学院为战略合作伙伴和技术依托，推广南疆红枣新品种、新技术，实施标准化生产。培养公司技术团队，探索实施实用生产技术，提高生产效率。公司发明实施的"小麦+纸杯双保险"枣树一次播种保全苗新技术，解决了荒漠长出的幼苗遭风沙危害的难题。2013年5月，和田地委、行署主要领导和国家林业局领导相继到公司枣园视察调研，给予了充分的肯定和赞扬；三北林业局领导也多次到公司枣园调研，并于2013年9月9日在公司枣园召开荒漠变绿洲防沙治沙现场观摩会议，号召在全国三北地区推广公司防沙治沙典型种植模式。

在"产、加、销"体系中，还存有多个薄弱环节。基地属于严重沙漠化土质，有机质含量极低，每年每亩需要施入4立方米以上的有机肥。和田羊粪资源有限、成本较高，加大资金投入能使红枣的产量、质量和经济效益大幅度提升。

（三）销售情况

目前，大枣销售仍以地头统货趸销为主，少量委托加工企业分级、清洗、精包装销售，探索出了一条从地头到餐桌的直营路子。之后逐步通过网络平台、线下宣传等方式扩大自产和田大枣和公司品牌的影响力，逐步完善面对客户的直营体系。

二、新疆沙漠枣业有限公司

新疆沙漠枣业有限公司成立于2008年4月，位于新疆和田策勒县，注册资金10万元。目前，总资产6000万元，其中固定资产5000万元，主要从事林果种植、收购、加工、储藏、销售等。现有固定员工（社员）139名，其中管理人员6名，产业工人139名，其他人员200名，提供就业岗位240个，带动农户240户，与西北农林科技大学等大中专院校、科研院所开展合作，研发产品2款。自有果品种植基地2000亩，有骏枣、策勒红枣两个品种，年生产红枣800吨，年收购红枣1200吨，年加工红枣6000吨，年果品贮藏保鲜量600吨，年销售红枣2000吨，年销售额2300万元，注册了"沙天红""阿日希""库尔班大叔""沙漠种枣人"4个品牌。主要通过专卖店、代理商、批发市场、大型企业、电商等渠道，销往天津、北京、上海等地。目前新建有5200平方米初级加工厂一座，计划再建精深加工厂一座，逐步、有选择地推出初加工高品质原枣、鲜枣、熏枣、烘干枣片系列产品,以及枣泥、枣浆、枣酱、冻干枣片、高品质枣粉、早餐营养粉、枣饮料、红枣姜茶、红枣酒、膳食制品、全营养素食等精深加工产品。

三、喀什新鑫果业有限公司

喀什新鑫果业有限公司成立于2015年,位于新疆喀什地区岳普湖县,共有红枣示范基地20个,总面积近万亩。该企业拥有"黄金枣""喀什红枣""冰天优果"等红枣品牌,绿色有机食品认证1万亩。拥有4600平方米的初加工车间、11000平方米晾晒场、冷库2座。公司有固定员工120人,其中贫困户73人。公司发展共带动农户4000余户,其中贫困户753户。

公司主要经营管理方式有三种:一是流转农民土地,通过统一管理提升产量和品质;二是按指导价收购红枣,有利于稳定市场;三是吸纳贫困户就业,公司员工中贫困人口占员工总人数的61%,带动330人脱贫。

第二节　枣第二产业企业典型案例分析

一、好想你枣业股份有限公司

(一)公司简介

好想你枣业股份有限公司始创于1992年,于2011年5月20日在深交所中小板挂牌上市,是一家集红枣种植加工、冷藏保鲜、科技研发、贸易出口、观光旅游为一体的综合型企业。公司以市场需求为导向,以技术创新为动力,以品牌经营为核心,以科学管理为手段,坚持产品系列化、高端化、健康营养化的战略方针,不断扩大产品的市场占有率和品牌知名度,目前已成为红枣行业的知名企业。

目前,好想你枣业股份有限公司总部在河南,建立有南疆若羌、阿克苏、河南新郑和河北沧州4个生产加工基地,自建原料基地8000余亩,拥有15家全资子公司和1家参股子公司,员工3000余人,销售网络遍及全国300多个城市近

2000家专卖店。

好想你枣业坚持"生态、环保、营养、健康、富民、强国"的产业理念，遵循"良心工程，道德产业；科学膳食，健康理念"的行为标准，秉承"真情、感恩"的核心价值观，努力发掘红枣的健康价值、文化价值，以红枣颗颗精选的精细化标准，倾情铸就消费者口口传颂的"好想你"品牌。近年来，好想你枣业股份有限公司获得农业产业化国家重点龙头企业、农业产业化行业十强龙头企业称号，国家经济林产业化重点龙头企业，全国重合同、守信用企业，全国农产品加工业出口示范企业，国家级观光工业旅游示范企业，全国食品安全示范单位，全国食品行业优秀食品龙头企业，全国红枣产业骨干龙头企业，国家知识产权优势企业，国家级企业技术中心，河南省高成长性民营企业等多项荣誉与称号，公司制定的免洗红枣标准被国家市场监督管理总局认定为国家标准。

（二）系列产品

好想你枣业股份有限公司目前拥有较为完整的系列产品，主要分为十大系列，单品达到200余种。随着市场的新发展，公司启动了产品的战略转型——由商务礼品为主向产品无核化、休闲化、差异化转型，在立足礼品消费市场的基础上，开创红枣休闲健康零食的消费新时代。

目前公司一方面走红枣初加工、深加工的路线，推动产品从1.0（原枣）向2.0（以无核即食枣、蜜饯、熟化枣等为主）、2.5（以夹心枣、脆片、红枣粥等为主）、3.0（以枣片、枣粉等为主）和4.0（以酵素、红枣多糖等红枣提取、萃取物等为主）等升级；另一方面走木本粮、草本粮的路线，生产销售有益健康、低脂低糖、少添加的红枣以外品类的健康零食。按照加工类型，公司产品可分为休闲类和原枣类两种。在休闲类枣产品中，公司研发了阿胶枣、枣片、枣干等不同类型，再根据口味划分为原味、玫瑰味、野酸味，以满足顾客的不同口味需求。在原枣类枣产品中，公司分别推出了即食无核枣、健康情、枣博士、黄帝御枣、新疆骏枣、新郑红枣等类型，再根据枣的品质等级，划分为二级、一级、特级等。值得一提的是，好想你枣业的第一项专利和代表作——枣片，在国内率先将枣片制作成类似果丹皮的形态，加上口香糖式的内包装和烟盒式的外包装,使消费者感到新奇和有趣。有些游客将这类产品带回去馈赠亲友,当对方打开"烟盒",却发现里边装的是"口香糖",再剥开"口香糖"包装纸,发现里边装的是枣片。这样一来给这种普通的零食增加了趣味性,也体现了公司产品开发的文化内涵。与此同时,公司还利用枣皮、枣核等配料,开发出了红枣露等产品,真正意义上实现了农产品的变废为宝,填补了市场空白,使枣产品的销售额持续增加,实现利润的扩大。

(三)经营与效益现状

好想你枣业股份有限公司作为一家涉农企业,目前也是全国乃至全球最大的红枣深加工企业之一。不仅将红枣加工业做成河南的名片、中国创造的名片,而且为中国特色的农业产业化探索出一条成功道路来。

公司在生产加工上完全按照HACCP(危害分析及关键控制点)体系认证要求和GMP(药品生产质量管理规范)要求进行,推出了配合工程的科技园示范、租地返包、合同保底收购、经济扶持等与农民之间形成利益共同体的具体举措。在"好想你"的成功带动下,新郑红枣总产量由之前的2.6万吨提高至2013年的4万吨,增长率53.8%;年红枣交易量6万吨左右,年加工红枣量5万吨以上,生产枣粉、枣酪、枣精、枣饮料、枣片等品种12大类80多个单品,每年带来收入4亿多元。枣区农民人均年收入从2006年的0.3万元,提高至2022年的3万元,增长了9倍。

同时,新疆得天独厚的自然条件,吸引了好想你枣业股份有限公司前往新疆建立规模达上万亩的大型生产基地,成千上万的新郑人以产业移民的身份在新疆从事红枣产业,改变了当地以棉花为主的"白色经济"态势。红枣种植面积从原来的数十万亩发展到700万亩,占全疆1500万亩林果种植总面积近半,迅速带领5省8市的红枣经营人发家致富。以若羌为例,在公司进入前,若羌只有两条街,3万人口。20年过后,枣林已经成了若羌农民的"绿色银行",由公司迁徙带来的新郑灰枣,让这里成为中国红枣产业的龙头县、名副其实的致富县。红枣经济还带动当地旅游业、餐饮业的发展,把若羌变成了南疆一座明珠之城。在红枣产业的强势拉动下,县域农民人均纯收入持续快速增长,从2001年的2462.38元增长到2020年的34130元，红枣收入占人均纯收入的63.85%。若羌城区面积扩大三四倍，人口达5万，人均收入连续几年蝉联西部12省（区、市）收入之首。

相关数据显示，公司在新疆的红枣种植面积高达1000万亩，涵盖国家级贫困县21个，累计扶贫金额60亿余元，惠及100万枣农致富脱贫。成为全国"万企帮万村"精准扶贫行动先进民营企业。

（四）开创红枣品牌化运营模式

1.品牌定位

品牌是企业乃至国家竞争力的综合体现，是参与全球竞争的重要资源。好想你枣业一开始便选择走农产品品牌发展之路，品牌命名是创立品牌的第一步。公司秉承"健康、时尚、快乐、品质"的品牌定位，主攻高端健康食品，致力于做大做强健康食品产业。截至2016年，"好想你"已经成为河南省名牌产品和国家工商行政管理总局认定的中国驰名商标。2021年11月30日，由人民日报社主办的2021中国品牌论坛在北京举行，"好想你"凭借在创新方面的综合表现及持续创新能力，入选"2021中国品牌创新案例"。为加强与消费者的深度沟通，公司借助代言人在各种重要节日进行了大量营销投放，并开启了全方位的电商平台营销，包括微博、微信公众号、抖音、快手、小红书等新媒体为主的内容营销。通过多种新媒体形式与消费者交流互动，把握消费新趋势，重点推广了健康情、即食枣、清菲菲等战略大单品，精准触达核心消费人群，持续提升品牌影响力。

此外，公司还通过合作《理想之城》《爱的理想生活》《我的砍价女王》等热门剧集触达广泛的年轻消费者，在都市白领消费群体心中建立起产品与类似生活场景的强关联，引领一种健康食养的新生活方式。在公司的引领下，市场上涌现一批品牌化运作的红枣加工中小企业，紧随好想你枣业股份有限公司的品牌运营打法，将红枣产业整体带入了品牌高附加值的时代，也为红枣经济的良性发展和红枣产业的规范化运营打下根基。

在发展经济的同时，公司也致力于传播红枣文化、健康文化。自建可参观的工业园区、中华枣文化博物馆、拥有近万尊枣木雕佛像的感恩堂、红枣科技示范园、红枣博览园等,开展集现代工业科技、田园风光、人文景观为一体的观光旅游项目。

2. 创新发展

（1）产品创新

公司从第一产业转战第二产业,对红枣进行深加工,制造了鸡心人参枣、无核大红枣、枣干、枣片、枣粉、枣醋等多种多样的红枣加工食品,改变了人们吃枣的方法。同时也为原本只作为生枣出售的红枣,延长了食品保质期,提升了产品附加值。

公司通过技术装备与生产工艺的创新,采用冻干技术开发出了清菲菲（红枣湘莲银耳汤）、"胡辣汤"、想菲菲（杏仁蛋白露）、冻干咖啡、冻干冰激凌等深受消费者喜爱的产品,同时还开发了低GI（血糖指数）清菲菲、小鲜脆、红枣咖啡、每日坚果、咱家熊孩子等增量新品。在新产品研发方面,通过提速提质,产品品质的不断升级,为公司业绩的增长和年轻消费群体的拓展作出了重要贡献。也因为深加工产品始终紧跟市场需要,满足消费者需求,让方便即食成为红枣产品的流行趋势。

公司还发展多个子品牌,比如枣上好、红枣姐姐、枣知己、淘枣帮等不同子品牌,又根据不同的消费需求,完善商务礼品、伴手礼、家庭分享装、休闲自用四个类别的立体化产品布局。

（2）技术创新

好想你枣业股份有限公司作为红枣产业的龙头企业,拥有全国一流的红枣工程技术研究中心,这也是目前唯一通过省级鉴定的红枣技术研究中心,并以此为基础先后与中国农业大学、河南工业大学、河南省食品工业科学研究所等联合成立了红枣蜂产品、生物功能红枣、红枣机械、功能饮料等产学研基地6个。多年来坚持进行产学研联合攻关,在免洗枣加工、传统枣产品高新技术集成加工、残次枣利用、枣加工成套装备技术方面,突破了一系列制约行业发展的技术瓶颈,形成了一批具有自主知识产权的核心技术,满足日益增长变化的消费需求。

（3）营销创新

公司在营销方式上始终不断向前，从2000年在郑州的第一家专卖店开张，全面开启红枣行业的"专卖店销售时代"，如今更是打通线上、线下，"天网、地网、人网"，线上、线下必须是融合的。公司在线上有专卖店，在线下有直营店，实现了全方位立体覆盖。

3. 强强联合迭代升级

从中国红枣第一股，到目前集红枣种植加工、冷藏保鲜、科技研发、贸易出口、观光旅游为一体，随着时代的发展，公司深刻认识到，仅靠一颗红枣打天下显然已经行不通了。2016年，公司豪掷9.6亿元拿下零售电商百草味，强强联合，实现产品结构从单一化到平台化。作为休闲零食的先行者，百草味在品牌价值、线上流量、用户忠诚度、运营能力和产品结构等方面优势明显，公司通过收购百草味，扩展了自己的产品线、销售渠道和市场份额，同时获取了宝贵的线上流量资源。同时，百草味丰富的产品线也可借助公司现有的销售渠道对产品进行更好的形象展示、销售，实现线上线下更好地发展。未来，公司将不仅做红枣业务，还计划向药食同源类健康产品方向发展，实现从休闲零食向轻食、餐食化领域发展。2020年后，公司抓住机遇，与世界500强百事公司进行合作，将所持有的郝姆斯100%股权出售给百事饮料（香港）有限公司，增加归属于上市公司股东的净利润22.31亿元，为支持公司未来发展带来了充裕资金，极大地强化了股东回报。

4. 助推红枣期货上市

2019年，公司助推红枣期货上市。红枣产业是我国重要的农副产品产业之一，上市红枣期货，可以减少信息不对称带来的供需错配问题，通过参与期货市场有效规避价格风险。公司参与红枣期货交易的广度和深度不断加强，期货工具已经成为为企业经营保驾护航的必要法宝。一是参与规模扩大，贸易量增加。二是贸易模式转变，可随时从现货、期货两个市场上购买红枣，期货市场为产业发挥着"蓄水池"和"补给站"的作用。

红枣期货上市三年来,市场机械化程度稳步提高,市场"度量衡"逐步统一并得到市场普遍认同。价格发现功能在种植端进一步体现,带动农民收益提高20%~30%。

二、新疆果业集团有限公司

新疆果业集团有限公司成立于1984年6月11日,位于新疆乌鲁木齐,是自治区供销合作社控股的大型林果业企业集团,是农业产业化国家重点龙头企业。2006年以来,果业集团围绕自治区大力发展特色林果这一重大战略,与国内外大企业、大集团及科研院所联合合作,引进资金、技术和人才,合计投资9亿元,建设100万吨特色果品产业链,已在乌鲁木齐市、伊犁州、阿克苏地区、喀什地区、吐鲁番市、昌吉州等地初步形成了六大特色果品基地建设、收购加工、保鲜储藏、市场交易、销售出口的产业化战略布局。公司实施的阿克苏果品保鲜库及批发交易市场建设项目,总投资达3.3亿元,计划建设5万吨果品保鲜库、5万吨干鲜果加工能力和50万吨交易量的果品批发交易市场。目前已建成果品储藏保鲜库1.6万吨、果品分选车间1万平方米、批发交易商铺120间、交易大棚2600平方米。

公司采取"自建+并购"等方式,累计新建、巩固农产品"疆外销售网"网点3348家。其中累计开设社区生鲜店1044家,主要位于广东、湖北、湖南、北京、吉林等省市;巩固广东、湖北、湖南、北京、吉林等省市商超专柜及营销网点2304。建设内地物流分仓6个,其中广东3个、湖北1个、西安1个、北京1个。结合大数据分析,依托基地资源、"疆外销售网"网点和第三方物流配送,与全国各大超市对接基地直采,在全国农产品批发加工市场建立合作分装工厂及物流配送体系,新疆果业集团已基本建成了上下贯通的农产品现代流通网络,实现了新疆农产品销售从传统渠道到社区直营、从独立经营走向全国合作经营的转变。2021年2月25日,公司被党中央、国务院授予"全国脱贫攻坚先进集体"称号。

三、喀什疆果果农业科技有限公司

喀什疆果果农业科技有限公司成立于2015年11月，注册资金4650万元，是新疆维吾尔自治区农业产业化重点龙头企业。公司总部位于新疆喀什疏附县，旗下有子公司喀什天翼疆果果食品有限责任公司、喀什疆果果生物科技有限公司。公司作为南疆本土企业，旨在帮助南疆果农将"质优味美"的南疆瓜果销售出去，目前产品已覆盖休闲食品、健康饮品、时令鲜果等多种品类，并积极布局三个产业，努力打造一、二、三产业融合发展的综合性企业。通过"电商企业+合作社+种植基地"的运营模式，公司取得了巨大的成绩。通过五大仓（喀什、西安、广州、深圳、上海）和九大城市服务网点（喀什、北京、上海、深圳、广州、长沙、成都、西安、郑州），已初步实现了全国的战略布局。在淘宝、京东、抖音、今日头条、中国电信天虎云商、中国工商银行融易购商城、广州市建筑集团产建商城、中国社会扶贫网、中国建设银行善融商城、扶贫832、国家电网慧农帮等480余家第三方平台开设有商城。

四、新疆叶河源果业股份有限公司

新疆叶河源果业股份有限公司成立于2011年7月21日，注册资金6600万元，是集种植、收购、加工、保鲜贮藏、销售及物流配送、连锁经营新疆有机食品为一体的股份公司，是疆内红枣行业规模较大的"农业产业化企业"，拥有完整科学的质量管理体系。生产基地北靠天山，南依昆仑，位于塔里木盆地叶尔羌河东岸、塔克拉玛干沙漠西缘、北纬38°40'黄金水果种植区内的新疆生产建设兵团第三师图木舒克市，该区域具有悠久的农产品种植栽培历史，独特的气候条件和多样的生态和生产环境，产出了大量特色林果产品。公司拥有"叶河""兵团红"等线上线下销售品牌。年生产加工能力5万吨；拥有2个保鲜库，仓储能力2.3万吨。公司拥有现代化流水生产线和加工工艺，产品通过QS质量体系认证。公司"兵团红"系列枣2011年11月荣获"第九届中国国际农产品交易会金奖"；2012年9月，荣获"第十届中国国际农产品交易会金奖"。

五、新疆且末小宛有机农产品有限责任公司

新疆且末小宛有机农产品有限责任公司成立于2017年3月，位于新疆巴州且末县有机食品工业园区，占地面积200亩，注册资金1000万元，是且末县政府的国有独资公司，是新疆维吾尔自治区扶贫龙头企业。公司主打产品为且末有机红枣，公司的有机红枣以肉质细腻、甘甜醇香、细嫩爽口、营养丰富的优质品质，获得"日食且末枣六颗，无须昆仑盗仙草"的美誉。

多年来，公司在县委、县人民政府确定的有机绿洲发展战略引领下，以有机红枣为抓手，采用"公司+合作社+农户"的组织形式，提高了农业生产的组织化程度，实现了农业生产与市场的有效连接。公司坚持常年做到以高于市场价的价格敞开收购有机红枣。稳定的收购和提升的价格，充分调动了全县种植有机红枣的积极性，并提升了有机红枣的管理水平。

公司优先吸收脱贫户、边缘户进入企业务工，助其致富增收。季节性用工侧重于全县脱贫户及边缘户，脱贫人员不少于季节性用工的50%。根据脱贫户的特点，安排合适的岗位，在红枣生产旺季通过口头协议雇用就近脱贫村民，工资为月或者周结，让脱贫户通过在企业务工获得稳固收入。公司通过县人社局申请成立"见习基地"，优先录用脱贫户、边缘户高校毕业子女进入公司见习，每月发放不低于3000元的见习薪资。

公司与全县各农民红枣专业合作社签订有机红枣收购协议，高价敞开收购全县合作社农民种植的有机红枣。2022年，收购红枣3200余吨（其中有机灰枣2600余吨、普通灰枣300余吨、骏枣300余吨），收购金额2900余万元，使全县枣农增收2095.7万元。这一举措保证了当地红枣市场价格的稳定，提高了农民的经济收入，也减轻了政府压力。

公司通过大力打造"天边小宛"有机红枣品牌，利用市场影响力和品牌价值，让红利辐射脱贫户。同时公司注重市场营销，坚持优质优价，把质量作为红线和底线，作为核心竞争力，组建了且末红枣营销推广团队，采取线下、线上、委托代理等方式，使"天边小宛"且末红枣进入华北、华东、华南市场，线上入

驻各大电商平台。同时,公司计划在杭州设立电子商务分公司,主攻电商领域和渠道销售领域布局,形成完善的公司销售体系,掌握销售渠道。目前公司已完成5大种类,38个单品研发,形成57类包装产品。

2022年,公司销售有机红枣1500余吨,其中线下销售1300余吨,线上销售200余吨。销售额为1700余万元,同比2021年公司销售额增长1.5倍。预计2023年底,销售额达到1亿元,净利润达1000万元,合作渠道覆盖全国的标志性干果企业,未来在实体推广中全面纳入且末县优势农牧产品,尤其是畜牧产品,激活全县农业牧业产业,带动农牧民稳定增收。

六、麦盖提县新疆枣都现代农业股份有限公司

新疆枣都现代农业股份有限公司于2009年8月25日在喀什地区工商局注册成立,位于新疆喀什地区麦盖提县,注册资金为3200万元人民币。公司目前有3条生产线,日加工能力200吨。公司是我国首批红枣期货交割仓库,实现从种植、收购、加工、仓储、现货贸易、金融贸易到深加工、再销售的全方位运营。2017年,公司员工有40%为贫困户,带动了360人脱贫。

公司主要经营管理方式:一是保证红枣生产基地标准化生产,提高红枣品质;二是提高红枣贮藏和加工能力及水平,实现全年生产、销售;三是积极申请成为我国首批红枣期货交割仓库,延长产业链的同时实现了红枣现货价值升级。

红枣产业市场情况分析

第一节　红枣产业主要经营模式分析

一、枣苗木主要经营模式

枣苗木经营模式主要有三种：一是传统模式，即枣农自己培育枣苗木，自己进行销售；二是"合作社+农户"模式，合作社为农户提供枣苗木和种植技术，由枣农进行种植，最后由合作社进行统一销售；三是"公司+基地+农户"模式，公司提供枣苗木种植基地以及种植技术，雇用农户进行种植，公司负责最后回收。

二、枣生产主要经营模式

枣生产经营模式主要有三种：一是枣农自己种植，枣农可以在自家房前、屋后或院子里，道路两旁以及闲散小块地种植枣树，该种生产模式既可以获得一定收入，也可以美化环境；二是承包种植，部分农户通过承包土地的形式种植枣树，进行大面积生产，该种方式经营水平比较高，单产也较高；三是"公司+基地+合作社+农户"模式，合作社采用生产资料成本由投资公司垫付，社员与合作社统一签订管理合同、统一种植模式、统一定价收购、统一果品加工、统一果品销售，通过"五统一"模式，实行标准化生产。合作社通过订单的形式建立紧密的利益联结机制，通过"集中服务，统购、统销"的经营模式组织生产，成员间合作关系紧密。

三、枣食品类深加工制品主要经营模式

枣食品类深加工产品较多，如干枣、蜜饯、枣汁、枣粉、红枣糕点等。在枣食品类深加工制品主要经营模式分析中将这些产品分为三层进行分析。

第一层为干枣和蜜饯，此类产品是最传统的枣食品类加工制品，也是生活中比较常见的枣加工食品，加工技术较为简单，也较容易生产。干枣和蜜饯最早

的经营模式为家庭作坊式生产,存在品质差、利润低等问题。第二层为枣汁、枣粉,随着枣食品类产品加工技术的发展,逐渐出现了规模较大的枣加工企业与种植园签订协议的经营模式,比如好想你枣业股份有限公司,目前有枣粉、枣片等深加工产品。第三层为红枣糕点、红枣银耳羹等产品。这些产品常见于各种超市及商超等,经营模式大多数为商户零售或者网络销售。

四、枣保健品和药品类产品主要经营模式

由于枣保健品不属于药品类产品,分析经营模式时须对二者进行区分。

枣保健品产品经营模式首先是直销模式,减少了流通环节,让消费者以最低的价格直接购买到产品。其次是广告营销,通过网络、电视等平台进行销售,如红糖姜枣茶、阿胶红枣蛋白粉等。最后是品牌营销,连锁药店利用自己的品牌效应对枣保健品进行销售,如南京同仁堂的阿胶固元膏、枸杞桂圆红枣姜茶、酸枣仁丸等。

由于国家对药品的经营环节进行严格监管,所有的药品经营企业只能采取批发或者零售两种经营方式。枣药品类产品在经营模式上首先是药商单独经营,这是一种传统的药店进行零售的模式也是日常生活中比较常见的经营方式。随着药店的不断发展,还衍生出了连锁药店和网络药店的形式。其次就是批发经营模式,是指药品由上游医药生产供应商供应产品至医药批发企业,然后由医药批发企业供应至各级门店或医疗机构等终端。随着枣加工业的不断发展,不仅出现了粒粒珍、红枣口服液、阿胶蜜枣、姜枣驱寒颗粒等产品,也有加工企业与科研院所进行合作,对枣保健品和药品类产品进行更深层次的研发。

第二节 红枣进出口贸易市场需求分析

我国红枣的出口量和出口额整体呈上升趋势(见图7-1、图7-2)。就出口

量而言，2017年出口量为9886112千克，2022年出口量为22193981千克，增加了12307869千克，增长了124.50%（见表7-1），这表明中国红枣在满足国内的庞大市场需求之后，仍能对外出口进行国际贸易。

　　我国红枣的进口量和进口额整体呈上下波动态势（见图7-3、图7-4）。就进口量而言，2017—2020年小幅度波动，分别是9339千克、2997千克、14985千克和254千克，2021年快速上涨到1256165千克，之后2022年下降到145815千克，跌幅是88.39%。

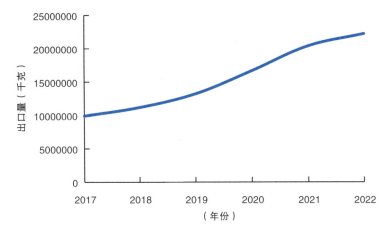

图7-1　2017—2022年红枣出口量变化趋势

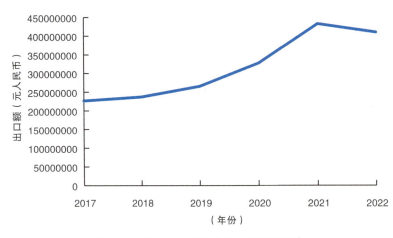

图7-2　2017—2022年红枣出口额变化趋势

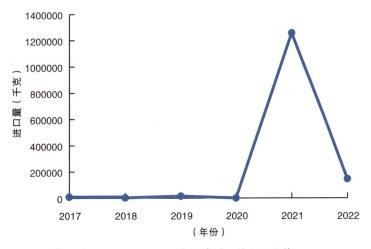

图7-3　2017—2022年红枣进口量变化趋势

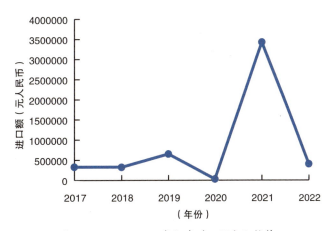

图7-4　2017—2022年红枣进口额变化趋势

注：图7-1至7-4数据来源于中国海关统计数据在线查询平台。

表7-1　红枣进出口整体情况

类别	2017年	2018年	2019年	2020年	2021年	2022年
出口量（千克）	9886112	11171874	13217164	16661830	20366156	22193981
出口额（元人民币）	226024078	236620612	264995023	326935437	432368281	409842398
进口量（千克）	9339	2997	14985	254	1256165	145815
进口额（元人民币）	329163	323945	650830	29144	3425961	401602

注：数据来源于中国海关统计数据在线查询平台。

141

　　我国红枣出口区域遍布各大洲，其中亚洲是中国红枣的第一大出口地区，尤其是马来西亚、印度尼西亚、越南等地（见表7-2）。由于中国地处亚洲，距离亚洲各国较近，出口运输成本低，中国红枣在亚洲市场具有较强的竞争力。中国红枣在亚洲地区的出口量占总出口量比重保持在80%以上。2017—2022年，该出口占比逐年增加，由85.62%增加到88.14%，增长了2.52%，目前新冠疫情得到控制，人民生活恢复正常秩序，我国国内红枣产量未来会持续增加，按照该发展趋势，未来亚洲地区仍是我国红枣出口的主要地区。我国第二大出口地区是北美洲，主要是美国、加拿大和巴拿马三国。2017年，北美洲出口量占总出口量比例是10.76%，2018年，上升到13.02%，之后由于新冠疫情影响红枣种植面积和海外远程运输等原因，2019—2022年连续下降，该比例下降到7.17%。

　　我国红枣进口的国家主要是亚洲地区。如表7-3所示，我国进口红枣的数量较少，大多是进口稀有品种。

表7-2 中国红枣出口国家和地区分布情况

年份 国家和地区	2017		2018		2019		2020		2021		2022	
	出口量 (千克)	出口额 (元人民币)	出口量 (千克)	出口额 (元人民币)	出口量 (千克)	出口额 (元人民币)	出口量 (千克)	出口额 (元人民币)	出口量 (千克)	出口额 (元人民币)	出口量 (千克)	出口额 (元人民币)
中国香港	2341512	57578530	1442047	31627379	1710873	32595773	2109197	34055503	3797675	45878365	2689350	34937672
中国台湾	1476436	31877578	1869281	38162212	2620336	42522033	2526543	40255965	2498763	45493682	2585785	47767802
马来西亚	2070939	38277102	2094762	38514496	1945629	32623595	2906068	49196722	2653372	54559407	2287042	47458306
印度尼西亚	102439	2224537	150304	3524559	182195	3243137	277150	4086164	247404	3785976	219195	3870489
越南	643630	12598741	1366045	24002792	2165558	56928688	2362375	71241077	3812248	134046850	7710694	127794839
美国	642585	20888398	1030729	28956272	850071	17350407	901605	18211522	1229593	23453957	1029097	22374242
加拿大	359221	9191287	337529	7741586	368210	7850443	544323	9661914	559989	10903936	461879	8953019
巴拿马	62021	1678794	85764	1895173	70477	1138807	84779	1504063	62943	1137470	99446	1753714

注：数据来源于中国海关统计数据在线查询平台。

表7-3　中国红枣进口国家和地区分布情况

年份	2017		2018		2019		2020		2021		2022	
国家和地区	进口量（千克）	进口额（元人民币）	进口量（千克）	进口额（元人民币）	进口量（千克）	进口额（元人民币）	进口量（千克）	进口额（元人民币）	进口量（千克）	进口额（元人民币）	进口量（千克）	进口额（元人民币）
韩国	100	36792	—	—	—	—	—	—	53	6327	—	—
意大利	154	6184	—	—	—	—	—	—	—	—	—	—
美国	325	12614	3	661	7	1373	1	164	96	13293	—	—
中国香港	—	—	2684	315256	5020	559795	253	28980	—	—	—	—
阿联酋	—	—	18	408	—	—	—	—	—	—	—	—
中国台湾	—	—	4	110	12	180	—	—	2	508	1	508
英国	—	—	172	3065	4	610	—	—	—	—	—	—
德国	—	—	0	11	—	—	—	—	0	121	0	243
加拿大	—	—	106	4100	—	—	—	—	—	—	—	—
澳大利亚	—	—	10	334	—	—	—	—	—	—	—	—
突尼斯	—	—	—	—	4	542	—	—	—	—	—	—
伊朗	—	—	—	—	—	—	—	—	698409	2084685	—	—
吉尔吉斯斯坦	—	—	—	—	—	—	—	—	557436	1307825	145814	400851

注：数据来源于中国海关统计数据在线查询平台。

第三节　新型销售及消费情况

一、"旅游特产+特色带动"营销模式

从特色旅游带动模式来看，安徽省水东镇将"甜蜜小镇"的发展作为契合点，以"甜蜜"为主题，全力打造蜜枣种植、蜜枣加工、枣木加工、枣木工艺、创意产业等蜜枣产业。并且以蜜枣节、枣花节、河灯节等传统节日为支撑，带动"甜蜜"的文化旅游产业，涵盖婚庆服务、民俗体验等文化产业，多策共建"甜蜜经济"。这种模式新颖丰富，有力地促进了特产的销售。

二、"旅游特产+电子商务"平台销售模式

安徽省水东镇积极地利用移动互联网求变，双向打通门店和线下库存。在线上通过视频软件（抖音、快手）让顾客了解蜜枣的制作流程，让人们了解这个产品是纯天然绿色的。线下和景区沟通，在相应公告栏处放出品牌Logo，达到线上线下相结合，线上促销和线上购买与线下经营和线下消费相互促进，实现特产厂商和零售商对平台的合作化使用。

三、"旅游特产+第三方物流"

"旅游特产+第三方物流"这一概念的提出，是由于旅游业是综合产业，旅游业涉及旅行社、宾馆酒店、交通运输、餐饮、景区等；而物流系统是现代发展较快的一个基础设施建设，旅游物流是使旅游产品在需要的时间到达需要的地点的活动，亦即旅游产品从供应地向接收地的实体流动过程。"旅游特产+第三方物流"是根据实际需要将运输、储存、装卸、搬运、包装、加工、信息处理等有机结合，以更好地满足旅游消费者的需求。

四、"旅游观光+休闲体验"

（一）枣乡观光旅游

依托万亩枣林游览区、百枣园、枣文化博物馆、枣乡人家等景区，开展观光旅游。

（二）枣乡休闲体验游

依托枣生态采摘园、生态观光园、农场、枣农家乐等中、高端乡村旅游项目，开展集观光、采摘、休闲、体验于一体的旅游。

第四节　红枣生产集中度分析

衡量产业集中度水平的指标包括区位商、集中系数、赫芬达尔–赫希曼指数等。本研究主要选取集中度系数和地区集中度指标衡量红枣在中国生产集中度水平。

集中系数（C）指某地区的某经济部门，按人口平均的产量、产值等相对数，与全国或全区该经济部门相应指标的比值。集中系数可在一定程度上表示某地区的专门化部门及其在全国或全地区按人均相对指标衡量所处的地位。$C>1$，表明红枣产业在该省按人均产量或产值衡量，具有较高的集中化程度；$C<1$，说明红枣产业在该省的集中化程度较低。计算公式为：

$$C = \frac{a/m}{A/M} \tag{7.1}$$

公式中C代表集中系数；a表示某省红枣产量；m代表某省的人口数；A表示全国红枣产业产量；M代表全国人口。

2013—2020年，河北省及其他红枣主产区的集中系数如表7-4所示。南疆、河北、山东、山西和陕西这5个主产区整体集中化程度高，其集中系数长期大于1，表明这些主产区红枣生产均比较集中。河北红枣集中化程度稳定，高于山东但低于山西、陕西和新疆。新疆的集中系数远远高于其他4省，表明新疆在红枣种植上有很高的集中化水平。陕西红枣集中系数总体呈缓慢增长态势,表明陕西红枣种植集中化水平持续提高。自2017年起山东和山西则集中化水平有所下降。南疆作为我国最大的红枣种植基地,其未来的地区集中化程度有望进一步提升。

表7-4 2013—2020年南疆及其他红枣主产地区的集中系数变化值

年份	南疆	河北	山东	山西	陕西
2013	20.51	2.59	1.17	5.97	4.15
2014	23.68	2.21	1.31	5.69	3.57
2015	24.83	1.99	1.51	5.03	3.62
2016	24.18	2.13	1.43	5.10	4.31
2017	24.73	2.03	1.61	4.01	4.6
2018	27.38	1.98	1.25	3.61	4.28
2019	27.54	1.98	1.18	3.55	4.79
2020	26.88	1.99	1.07	3.77	5.08

注:数据来源于布瑞克农业数据库和国家统计局。

地区集中度指标反映了主产区在市场中的地位及其对市场支配能力的强弱,是衡量地区间产业竞争性和垄断性的指标。产业的地区集中度是选取该产业中排名前几位的地区,计算这些地区产出占全国总产出的累积份额,反映产业的集中水平。现选取南疆、河北等五大主产区的红枣产出计算红枣产业的地区集中度指数(CR5),即五大主产区的红枣产量占全国红枣产业的市场份额。计算公式为:

$$CR5 = \sum_{i}^{5} S_i \times 100\% \qquad (7.2)$$

其中,S_i是全国排名第i位的省份的红枣产量占全国总产量的比重。

采用公式测算红枣产业的地区集中度及其变化趋势,结果如表7-5所示。2013—2018年,全国五大主产区的地区集中度一直保持在83%以上,2018年以后一直保持在90%以上,地区集中度指数表明中国红枣产业高度集中在五大主产区。该指数整体来看处于上升状态,2019年达到整个研究区间的最高值,

2020年略有回落。红枣产业地区集中度指数呈现出上述情况的原因有两点：第一，枣树种植受自然条件的约束，区域分布特征明显，枣树分布的重点区域集中在五大主产区，地区集中度非常高；第二，2013年国家林业局印发的《退耕还林工程生态林与经济林认定标准》中明确表示，北方地区沙枣、酸枣、枣树作为生态林乔木、灌木和经济林树种。"十三五"期间，新疆退耕还林任务重点向南疆团场倾斜，34个团场实施了退耕还林，占同期实施团场总数的60.7%，实施面积为1.54万公顷，占同期实施总面积的73.3%，全部是以红枣、苹果、核桃、枸杞为主的特色经济林。以红枣作为退耕还林还草的生态作物的政策，使得南疆红枣产量在近十年快速增长。

表7-5　红枣产业地区集中度

年份	集中度（%）
2013	83.45
2014	85.60
2015	86.97
2016	88.57
2017	88.92
2018	89.53
2019	91.09
2020	91.06

注：数据来源于布瑞克农业数据库。

第五节　红枣产业竞争结构分析

一、种植企业间竞争分析

农产品生产相比其他产业，前期投入较大，资金回收周期较长，再加上生产过程相比其他产品更不可控，受自然环境影响大，且农产品不适宜长期运输，因此农产品生产企业往往比其他企业面临更大的市场风险，红枣种植企业也不例外。红枣种植企业虽然面临较大市场风险,但在我国新疆维吾尔自治区、河北省、陕西省等红枣主产区仍存在不少红枣种植企业,甚至部分企业已经将红枣种植、加工和销售流程连接起来。

根据企查查数据显示,我国存续和在业的红枣种植企业共有8958家,主要集中于山东省、河北省、湖北省等我国红枣主产区(见图7-5)。在红枣主产区中,红枣种植企业数量多,并且提供的服务差异化程度小,因此红枣种植企业间竞争激烈。另外我国还有一定的枣标准化生产基地,也会对红枣种植企业造成一定程度威胁。

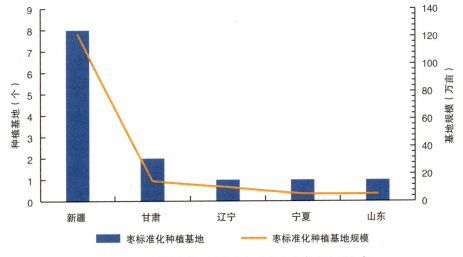

图7-5 全国绿色食品原料枣标准化生产基地地区分布

注:数据来源于中国绿色食品发展中心。

二、加工企业间竞争分析

由于干枣、蜜饯等枣加工产品操作简单,从原料产地采购鲜枣经洗净、分拣、包装等工序后即可对外销售。从生产操作简单的干枣、蜜饯等产品的家庭作坊,到生产枣粉、枣茶、枣糕等产品的加工企业,红枣加工行业进入门槛低,企业数量多,竞争激烈。在南疆、河北、山东、山西、河南和陕西,很多县都有具有一定规模的枣产品加工企业,而手工作坊类型的小企业更是数不胜数。当地枣产品加工企业和小型手工作坊在红枣加工产品的销售中也占据一定地位。爱企查数据显示，我国与红枣相关企业数量最多的省（区、市）是新疆维吾尔自治区，为775个，其次是山西省，有760个与红枣相关的企业。

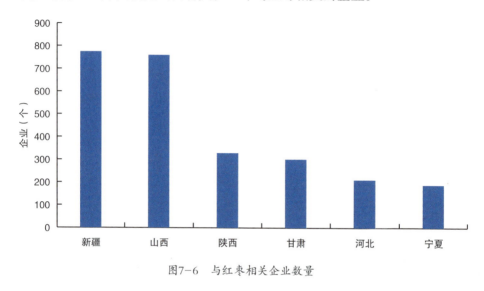

图7-6　与红枣相关企业数量

注：数据来源于爱企查。

三、销售企业的竞争分析

只有将产品销售出去企业利润才能实现，因此产品销售环节的竞争最为关键。市场上枣和各种加工的枣产品种类很多，销售市场竞争激烈。目前市场上与红枣相关的企业多达数千家，但以红枣为主要业务的上市公司仅有好想你枣业股份有限公司一家。这些大型企业大多有着红枣生产、加工、销售一体化，一条龙的操作流程，不仅在红枣的种植方面存在竞争，在红枣产品的加工和销售环节也存在着激烈的竞争。此外，还有部分中小型销售企业，虽然规模小、利润低，面临市场风险大，但也占据了一定的市场份额。

四、制干红枣与其他果品的竞争性分析

制干红枣属于含糖量较高的一类干果，其食用方式等与其他干果和水果

的差异较大,因此,其他果品与制干红枣的竞争性较弱。但其他果品产量的增加,会对制干红枣的销售产生一定影响。

2017—2021年,我国红枣产量较稳定,总体在700万~800万吨,占全国水果的百分比也比较稳定(见表7-6)。

表7-6 2017—2021年我国红枣产量占全国水果产量比例

年份	全国红枣产量(万吨)	全国水果产量(万吨)	占全国的百分比(%)
2017	721.26	25241.9	2.86
2018	735.76	25688.3	2.86
2019	746.00	27400.8	2.72
2020	773.139	28692.4	2.69
2021	740.16	29970.2	2.47

注:数据来源于布瑞克数据库。

五、鲜食枣与其他果品的竞争性分析

南疆鲜食枣主要为冬枣,面积约8万亩,年产量7万~8万吨。冬枣含糖量高、脆甜适口,与其他果品差异显著。但冬枣主要为鲜食,与其他水果存在较大的竞争关系。

2010—2021年,南疆苹果、葡萄和梨产量总体在迅速增长(见图7-7)。2010—2015年,南疆红枣产量呈线性增长,且速度较快,在2014年以后产量超过了葡萄、苹果和梨的产量,2021年和2010年相比,红枣产量上涨了282.7万吨,涨幅为450.88%。2010—2021年,南疆苹果和梨产量总体呈线性缓慢递增,产量分别上涨了137.8万吨和74.3万吨,涨幅为209.23%和70.58%。南疆葡萄产量呈波动型增长趋势,2021年和2010年相比产量增加了130.4万吨,涨幅为66.35%。这些水果产量的增加对冬枣有一定的影响。

图7-7　2010—2021年南疆苹果、葡萄和梨产量变化

注：数据来源于《中国农村统计年鉴》。

六、枣酒等加工品与同类产品的竞争性分析

枣酒等加工品与同类产品的竞争性分析：首先是行业潜在竞争对手的威胁，潜在竞争对手指那些可能进入行业参与竞争的企业，它们将带来新的生产能力，分享已有的资源和市场份额，从而导致市场竞争更加激烈；其次是枣酒等加工品行业替代产品的竞争压力，是指具有相同功能，或能满足同样需求从而可以相互替代的产品竞争压力。

七、供应商和客户议价能力分析

供应商和客户议价能力是影响红枣价格的重要因素。影响供应商与客户议价能力的因素有很多，如替代成本、产品差异、成本与质量的重要性、客户数量等。将这些因素归纳起来主要体现在以下两个方面。

第一，双方对价格的敏感程度。价格敏感程度取决于枣与同类产品的差别及替代成本的高低。产品差别越小，替代成本越低；价格敏感度越高，客户的议价能力越强。如果供应商提供的产品在客户成本中占较大比重,客户将对其价格十分敏感;反之,则敏感程度下降。

第二,相对议价能力。价格敏感程度虽然会对价格产生影响,但实际价格还取决于客户的相对议价能力。影响其议价能力的因素有:供应商与客户的供需平衡状况、客户的购买量、可供选择的替代产品数量、客户选择替代产品的成本、客户是否具有前向一体化和后向一体化的威胁等。另外,产品的质量也是影响供应商和客户议价的重要方面。

南疆红枣产业存在的
主要问题和发展建议

第一节　南疆红枣产业存在的主要问题

南疆红枣产业尽管在短短的十几年内创造了我国林果产业发展史上的奇迹，取得了巨大的经济效益、良好的社会效益和生态效益，为南疆的脱贫致富、社会稳定、民族团结、乡村振兴、生态建设作出了巨大贡献，但在发展过程中，由于受到内外因素的影响也出现了一系列问题，这些问题制约了南疆红枣产业的持续、健康、稳定发展。

一、南疆红枣价格持续低迷

由于南疆红枣面积扩增速度快，扩张面积大，在短时间内红枣产量剧增，市场供大于求，价格不断下滑，近几年价格持续低迷，出现了卖枣难现象。枣农收益大大降低，甚至出现亏本经营。南疆红枣供大于求现象出现的一个原因就是总产增大，市场消化难。另一个原因可能是消费市场虽有空间，但对快速增长的红枣产量反应滞后，一下子消化不了这个"庞然大物"。因为从全国来看，尽管南疆红枣产量增加很快，但传统枣主产区红枣减产、产品被挤出市场的现象更为严重，这一涨一消，使得全国的红枣总供应量变化并不大，近几年全国红枣总产量反而出现下滑趋势。由此可见，南疆红枣价格持续低迷，效益低下，还有其他影响因素。

二、弃管现象严重，生产严重滑坡

前几年受南疆红枣的冲击，河北、山东、山西、陕西、河南、辽宁等枣产区出现大范围枣树弃管现象。如今随着南疆红枣效益的下滑，南疆也大量出现枣树弃管现象，生产出现严重滑坡，红枣面积有进一步缩小的趋势。

三、品种单一，同质化竞争现象严重

目前南疆制干品种太单一，市场上几乎只有骏枣和灰枣，其他品种只是零星出现。骏枣和灰枣"一统天下"，这导致南疆红枣产区以及各级经销商的产品都一样，产品同质化竞争现象严重，在销售时竞相压价，形成恶性竞争。这也是南疆红枣价格低迷的一个主要原因。

四、管理投入不到位，红枣品质严重下降

南疆枣园土壤肥力差，需要大量肥料（有机肥或化肥）的投入，由于红枣收入比从前减少很多，枣农对红枣管理投入减少，肥料施入量不足，这就难以实现高产优质。

南疆不少矮化密植骏枣园，种植密度太大、树体矮小；修剪时主要采用重截枝、重摘心方法，靠当年形成的木质化枣吊结果，叶果比不够，导致果实大小不一，含糖量低，制干后大多果肉薄、果形干瘪，红枣品质严重下降，商品率很低。

还有不少枣园，采用放枝措施靠多年生枝结果，但因栽植密度大，放枝太多，树冠郁闭、通风透光不良，也造成枣果品质下降。

在栽培管理上，除了施肥不足、施肥不当、修剪不合理外，大量使用激素和生长调节剂也会造成果实品质下降。

红枣品质严重下降，也是南疆红枣价格低迷的一个主要原因。

五、高密度枣园规模大，管理费时费工

南疆直播建园后还保留超过百万亩的高密度枣园，随着树龄增大，这类枣园管理难度和管理成本越来越大，每年因重回缩修剪造成大量的养分流失，主要靠当年生新枣头坐果，导致枣果品质下降。如何改造这些高密度枣园，将其发展引向规范化、简约化、机械化栽培方向，是南疆红枣产业亟待解决的问题。

六、枣园病虫害严重，管理成本加大

在发展初期，南疆的枣树上病虫害很少，几乎不用打药，或每年喷1~2次农药即可（有的年份只有红蜘蛛需要防治）。然而，随着栽培面积的扩大，栽培时间的增长，南疆枣树上的病虫害越来越重，喷药次数不断增加。除了病虫害防治，枣园用水、用电、用工的成本也大大增加。2000年以来，红枣生产成本逐年上涨，总成本由526.4元/亩上涨到3297.5元/亩，年均增长率11.3%；其中人工成本由263.2元/亩上涨到2744.8元/亩，年均增长率14.9%。

七、农机与农艺结合困难，机械化程度低

南疆枣园栽培模式多种多样，株行距不同、地块不同，即使是同一地块也不尽相同，没有统一标准。这就造成农机与农艺结合困难，不利于机械化推广。枣园耕整除草、开沟施肥，枣树修剪、植保，红枣采收等主要环节都存在农机农艺结合问题，现有的枣园农具无法适配枣农的实际需求。枣树施肥、红枣采收等环节的适用机具非常缺乏。同时，农机服务组织化、规模化程度低，农机化基础设施和公共服务体系建设严重滞后，枣农总体素质不够高导致创新及实际操作能力不强。农机服务机构和相关农机政策不完善且执行不到位。目前，针对枣园或林果业相关的补贴政策较少，其中动力机械补贴比较清晰，其他种类农具补贴政策不明确。

八、枣农负担较重，土地碎片化严重

南疆地方枣园相关上缴费用比兵团略多，地方枣农30年承包地少，人均不超过3亩，多种的土地一般为村集体土地，需要缴纳土地租金和水费。兵团相对好一些，人均用地40亩，但枣园较为分散，不利于管理，每年职工按土地亩数上缴费用即可。

九、研发投入少，科技支撑不足

南疆从事红枣研究的人员不足，研发经费投入少。专业人才培养机制不健全，人才队伍缺乏，科技支撑能力不足。表现在新品种选育落后，品种升级换代进展缓慢；缺乏先进实用的栽培技术；枣园机械化进程缓慢；精深加工品研发慢，新产品少。生产上缺乏技术推广人员和推广体系，红枣产业缺乏强有力的科技支撑。

十、各地州发展不平衡，内部差异大

南疆兵团和地方之间、地州之间及企农之间红枣产业的发展水平差异悬殊。从综合收益和产业化水平来看，地方红枣产业发展水平低于兵团，喀什、和田发展水平低于阿克苏，小规模农户发展水平与企业相比差距悬殊。在生产经营理念和销售层次上，销售产品多为原枣，产品竞争力不强，综合收益不高。在销售模式方面，多采用中间商上门收购模式，枣农价格谈判能力弱，经济收益不稳定。

十一、农户多分散经营，应对市场能力差

南疆红枣主产区的生产方式较为落后，特别是南疆地区农户。在生产经营方式上，南疆红枣农户多为一家一户分散的小规模生产，商品化生产意识不强，市场适应能力差。农户对枣树的专业化、精细化管理重视不够，对红枣生产的物化投入严重不足，枣果品质提升困难，果品市场供应一致性差。南疆红枣主产区少数民族占总人口的80%以上，新知识、新技术学习掌握困难且缓慢，红枣产业科技推广任务繁重。

十二、精深加工产品少，龙头带动能力差

南疆红枣产品以初加工为主，附加值低，精深加工产品较少，加工转化率低；行业领军龙头企业少，加工企业小而散，龙头企业带动能力差。

十三、销售市场混乱，优质不优价

南疆红枣还没有形成产、供、销一体化机制，红枣的销售以传统的市场批发零售模式为主，网上销售为辅。南疆红枣多为散户种植，产、供、销严重脱节。现货市场收购价格混乱、收购标准不统一。在红枣收购环节大量散户收购商相互串通，压级压价，导致红枣优质不优价。销售市场秩序混乱，存在恶性竞争，缺乏有效调节机制；生产和销售多各自为战，利益条块分割。个人或小团体分散作业的状态，难以抵御市场风险的冲击。

十四、品牌杂乱，缺乏知名品牌

南疆红枣小微企业多，红枣类企业品牌多达近3000个，其中2000多家农产品销售企业中有95%以上属于微、小企业；品牌定位模糊，知名度低，规模小，市场占有率低，企业品牌呈现多、乱、杂现象，缺乏驰名全国的知名大品牌。

十五、国外市场开拓不够，出口量少

南疆红枣对外宣传力度不够，涉外销售企业数量少、规模小，出口渠道窄，出口量少，这与南疆优越的地理位置和最大红枣生产基地的地位严重不符。

第二节　南疆红枣产业发展建议和对策

一、出台优惠政策，稳定红枣生产

面对南疆红枣价格持续低迷、枣农毁树刨树现象严重、枣树种植树种植面积持续下降等问题，枣产区各级党委、政府应进一步重视红枣产业发展，有针对性地出台优惠政策和具体措施，保护好现有枣树。因为在南疆，枣树不仅可以创造很高的经济效益，还具有保持水土、防风固沙、改善生态环境的良好生态效益。南疆生态条件恶劣,生态环境脆弱,数百万亩枣树对南疆的环境保护和生态建设具有十分重要的作用。

二、加大品种结构调整力度,实现品种多样化

针对南疆品种单一、同质化竞争现象严重的问题,要加大品种结构调整力度,结合市场需求,差异化发展红枣品种,走品种特异化、产品差异化、市场细分化的道路。

筛选适合南疆不同区县发展的差异化红枣品种,如早、中、晚熟鲜食及制干、深加工等不同用途的品种,不断优化品种结构,增强抵御市场风险的能力;加强对红枣优异资源的开发和利用,包括抗病、耐旱、花期耐高温、优异品质性状等,采用基因编辑和遗传转化手段创制新种质;建立红枣品种选育和推广新机制。坚持以企业发展为主体,坚持产、学、研相结合,形成"育、繁、推一体化"的种苗企业,形成科研院所与企业利益共享、风险共担的种业科技创新模式。

按照控制面积、稳定布局、调优结构的原则,提出枣树良种的精细区域规划方案,在集中优势区的基础上缩减非适宜种植区。政策资金上重点向优生区和适生区倾斜、向优势区域集中。做大做强以和田地区、巴州的若羌县和且末县为主的制干红枣优势产区基地建设。适度发展适销对路、具有一定市场竞争力的鲜食枣,做到鲜食、制干等不同需求和不同成熟期品种布局科学发展,不断优化品种结构,实现枣树生产良种化、基地化和商品化。允许阿克苏地区、喀什地区部分次适生区适当调减红枣种植面积,将枣树改接成有发展前途的酸枣,或发展其他林果树种。

三、多措并举,提质增效

针对南疆红枣品质严重下降的问题,需要多措并举,将红枣品质提上去。品质优良是南疆红枣产业的核心竞争力。失去了优质,南疆红枣产业就没了根基。要从品种、栽培技术、采收和加工等各个环节入手,加大投入,科学管理,

建立枣果质量保证体系，保证生产出的枣果品质好，安全可靠。

通过大量增施有机肥，提高土壤有机质含量，改良土壤结构，增加土壤肥力，为枣树优质丰产奠定坚实基础。通过疏密间伐，将高密度枣园转变成低密枣园或中密枣园，改变一味采用重回缩的修剪方法，培养合理树形，疏除过密枝条，打开光路。在果实发育期禁止滥用激素和植物生长调节剂，适当控制产量。尽量采用生物、农业和物理措施防治病虫害，减少农药污染，保障枣果食用安全。根据南疆各地具体情况，要进行适时采收，不能放任其在树上吊干，采收过晚。此外在晾晒、烘干、分级、包装、运输、贮藏等各个环节也要注意规范操作，保证产品质量不受损伤。

四、创新机制，提高枣农组织化程度

针对枣园土地碎片化严重，一家一户的经营模式的现状，应当转变观念，创新机制，充分发挥龙头企业和合作社的作用，将一家一户枣农真正有效地组织起来，形成"企业+合作社+农户+基地"的发展模式。这样才能够整合资源，加大人力、物力和技术等方面的投入力度；才能够有效发挥技术培训的作用，让技术落实到位；才能够建立起规模化、标准化、高效生产基地；才能为市场提供安全可靠、标准统一的高品质红枣产品；才能使基地直接与市场或者大型客户消费者对接，真正形成产、供、销一条龙，保证红枣生产利益取得最优化，形成多方共赢的良性循环。

五、培育新型经营主体，提高产业支撑服务能力

突出政府部门、科研机构等公共部门在社会化服务体系中的支撑和导向性作用。政策支持上，可采取财政扶持、税费优惠、信贷支持等措施，支持新型林果业社会化服务组织发展壮大。政府通过购买服务支持具有资质的经营性服务组织从事林果公益性服务。技术支撑上，建设从枣园到餐桌、从生产到消费、从研发到市场各个环节紧密衔接、环环相扣的现代红枣产业技术体系。充分发挥红枣产业专家团队智力优势，尤其在精深加工、品牌创育和市场开拓等

二、三产业方面力求突破创新,提升南疆红枣产业科技创新能力和产业核心竞争力。

六、集成新品种新技术新成果,建立优质安全高效省力化标准化生产基地

建成以红枣品质提升和简约化栽培为核心的标准化生产技术体系。将传统密植园向宽行密株种植模式转变,要求行间距保持在4米以上,株距控制在1.5米左右,每亩枣树保持在100株左右,实现纯果园管理方式,保证南疆红枣果品质量。枣园管理上重点向省力化修剪、机械化生产方式等低人工投入的简约化栽培方向发展。开展系列先进适用技术的集成与创新,推行绿肥(油菜、豆科植物等)间作,推广水肥一体化技术,研发高效精准喷雾技术、安全高效有害生物防控技术,加快全程机械化生产。对集中连片的千亩以上规模枣园,建设智能化、数字化枣园,实现对枣树生长管理数据的周期性采集、土壤及有害生物的实时监控,实时大数据分析、会诊,提升枣园精准科学管理水平,建成一批高质量的标准化生产示范园。

七、加强枣精深加工能力,提高产品附加值

针对南疆红枣精深加工产品少、技术含量低的问题,要加大投资,加强枣精深加工产品的研发力度。利用现代分析和提取技术与先进的自动化设备,根据市场需求适度开发枣果具有功能性成分深加工制品,如环磷酸腺苷、枣色素、膳食纤维等产品,延伸红枣产业链,提高附加值。拓宽红枣加工制品的食用应用范围,如以鲜枣为原料生产的枣粉,产品色泽、风味及营养成分保持良好,可用于面点食品、固体饮料、营养代餐粉的配料等。同时,注重加快红枣加工工艺、产品设计、质量分级等方面标准的制定。

重点培育一批枣精深加工企业,提高产品科技含量和产品附加值。对在南疆改扩建生产线的枣精深加工企业给予税收减免、土地出让、员工培训、贷款贴息等方面的优惠政策,特别是对精深加工产品原料购买和产品销售给

予补贴。

八、加强市场营销，实施品牌化战略

针对红枣产业链产、加、销脱节的问题，研发产、加、销融合发展模式。应用大数据、人工智能、区块链、物联网等新技术，组建全产业链智联物流一体化平台。强化各主产县区"一县一品"战略，逐步形成红枣区域化布局，标准化生产，产业化经营和品牌化营销的发展格局。推进区域性重点红枣批发交易市场建设、改造，积极引入其他地区大型红枣交易市场，充分保障其市场用地，市场配套"七通一平"，保障经营户、加工物流人员等的基础生活配套设施。支持交易场所、电子结算、信息处理、检验监测等设施建设。支持和鼓励红枣深加工产品、加工设备、商业模式、经销渠道、技术标准等方面创新，增强产品竞争力，强化红枣流通，紧密对接密集消费市场。

充分发挥援疆机制，提升援疆省（区、市）市场开拓能力。将红枣加工转化、贮藏保鲜和营销网络建设列入援疆规划。在援疆省（区、市）建立南疆红枣产品物流基地及配套设施，鼓励和支持有影响力的企业或合作社入驻、对接援疆省（区、市）物流基地，建立外向型农业发展合作机制。

目前，红枣的知名品牌不多，应当制定品牌发展战略规划，加大宣传力度，打造知名品牌，通过品牌效应带动市场消费。企业在打造自身品牌的同时，也要充分利用好区域公用品牌，发挥区域公用品牌的作用。要特别重视品牌的维护工作，因为产品质量是品牌的基础和核心，在加大宣传打造品牌的同时，要下大力气提升和维持红枣产品质量，做到以诚信赢天下，使知名品牌越打越响，经久不衰，充分发挥其在红枣产业中的引领作用。

九、围绕全产业链一体化发展，打造红枣产业集群

按照红枣全产业链一体化发展思路，以培育地州级红枣产业集群为核心，以红枣生产标准化为先导，以品质、品牌为引领，以政府政策与金融服务作为支撑，以包装、加工、物流配送、售后服务等商品处理环节作为重点，加强质量

品牌建设，优化市场环境。着力解决好产业发展中的瓶颈制约和关键环节问题，通过示范基地建设、科技支撑体系、质量安全检测监测体系、冷藏加工能力、市场开拓能力、品牌能力建设，提升生产基地标准化、产品质量、加工流通水平、品牌影响力，健全产业经营组织体系，强化先进要素集聚支撑，将南疆红枣产业打造成规模大、专业化程度高、延伸配套性好、支撑带动力强、结构合理、链条完整以及产业的主体、相关区域、上下游产业紧密联结的有机体——红枣产业集群，为全面建成小康社会和乡村全面振兴提供有力支撑。

十、加大宣传力度，拓展国外市场

南疆是我国历史上丝绸之路的关键位置，也是亚欧大陆桥的重要部分。南疆独特的地理位置，为"一带一路"倡议发展奠定坚实的基础。南疆是我国"一带一路"倡议的发展重点，南疆作为中转站，负责连接国内外市场。南疆应当充分利用其独特的地理优势，通过加大宣传力度，让外国了解红枣的营养与保健价值。要加大研发力度，根据不同国家的饮食习惯，生产适合不同国家食用习惯的红枣加工产品，不断引导国外消费，培育国外消费市场，大力拓展国际市场空间，为国家出口创汇作出贡献。

参考文献

[1] 中国农业年鉴编辑委员会：《中国农业年鉴》，中国农业出版社2022年版（1980年至2022年历年《中国农业年鉴》）。

[2] 曲泽洲、王永蕙：《中国果树志·枣卷》，中国林业出版社1993年版。

[3] 李新岗主编：《中国枣产业》，中国林业出版社2015年版。

[4] 郭裕新：《山东果树志——枣志》，山东科学技术出版社1996年版。

[5] 刘振岩、李震三：《山东果树》，上海科学技术出版社2000年版。

[6] 周润生：《山东的枣粮间作》，《中国园艺学会干果分会成立大会暨第二届全国干果生产与科研进展学术研讨会论文集》，2001年。

[7] 中国农业百科全书总编辑委员会果树卷编辑委员会：《中国农业百科全书·果树卷》，农业出版社1993年版。

[8] 海峰、赵坤、黄莹：《我省红枣产业年产值30亿元》，《大众日报》2010年9月16日。

[9] 郭裕新、单公华、杨茂林：《山东枣树栽培区的区划研究》，《山东农业科学》2002年第3期，第9—12页。

[10] 张玉梅：《滨州市冬枣产业SWOT分析及发展策略》，《河北农业科学》2009年第6期，第121—123、第164页。

[11] 张迪：《山东乐陵市红枣产业化问题研究》，北京林业大学2012年硕士学位论文。

[12] 郭裕新：《山东省果树研究所枣品种选育的成就及经验》，《落叶果树》2003年第2期，第15—18页。

[13] 王震等：《滨州市特色果业现状、存在问题及发展展望》，《农业科技通讯》2016年第10期，第41—44页。

[14] 康晨煊等:《设施栽培下'冬枣'果实品质特性研究》,《中国果树》2019年第3期,第67—71页。

[15] 何方:《中国经济林栽培区划》,中国林业出版社2000年版,第50—51页。

[16] 刘战霞等:《红枣脆片加工技术研究现状及展望》,《食品工业》2021年第12期,第388—392页。

[17] 刘润平:《红枣的营养价值及其保健作用》,《中国食物与营养》2009年第12期,第50—52页。

[18] 罗俊:《红枣的加工方法》,《农村实用科技信息》2009年第4期,第37页。

[19] 敬思群、刘盼君、王德萍:《红枣泥的研制》,《食品科技》2013年第12期,第125—129页。

[20] 吕瑛、行培蕾、向珈慧等:《红枣醋功效及前景概况》,《农产品加工》2015年第1期,第63—65页。

[21] 李明泽、宋娟、张蕊等:《果醋功能性研究进展》,《江西农业》2018年第12期,第57页。

[22] 王方舟、张仁堂、高琳:《红枣醋酿造工艺及功能成分研究进展》,《中国调味品》2021年第4期,第179—182页。

[23] 汪轩羽:《灵武长枣饮料的研制》,天津科技大学2019年硕士学位论文。

[24] 顾小青等:《鲜枣澄清汁的加工工艺研究初报》,《落叶果树》2003年第3期,第32—33页。

[25] 缪园欣等:《澄清型石斛红枣复合果汁饮料加工工艺研究》,《食品研究与开发》2017年第23期,第120—124页。

[26] 徐栋燚、杨春:《枣的加工与贮藏保鲜技术研究进展》,《农产品加工》2022年第3期,第64—67页。

[27] 齐习超等:《红枣酒发酵工艺、品质影响及香气成分研究进展》,《中国酿造》2022年第2期,第19—22页。

[28] 苏娜:《红枣发酵酒加工工艺研究》,西北农林科技大学2008年硕士学位论文。

[29] 艾启俊：《熏枣加工工艺》，《北京农学院学报》1993年第2期，第153—156页。

[30] 陈熹等：《大枣现代研究开发进展与展望》，《世界科学技术——中医药现代化》2015年第3期，第687—691页。

[31] 李海宽、刘哲、刘宝贵：《枣芽茶的营养价值及生产工艺创新性研究》，《农业与技术》2020年第2期，第30—32页，第53页。

[32] 杨二林：《枣花蜜化学成分及抗氧化活性研究》，西北大学2021年硕士学位论文。

[33] 自晓秀：《蜜枣加工技术》，《河北果树》2013年第6期，第52—53页。

[34] 赵柳微：《干制和发酵过程对枣中农药残留的影响》，中国农业大学2015年硕士学位论文。

[35] 陈虹：《新疆统计年鉴》，中国统计出版社2013年版，第397—398页。

[36] 陈法臣：《新疆生产建设兵团统计年鉴》，中国统计出版社2013年版，第234—235页。

[37] 高建忠等：《红枣栽植的气候条件分析》，《山西气象》2008年第2期，第19—20页。

[38] 郭继胜：《金丝小枣产量与气候因子相关性的初步研究》，《河北农业大学学报》1987年第10（专）期，第89—91页。

[39] 郭裕新、单公华、杨茂林：《山东枣树栽培区的区划研究》，《山东农业科学》2002年第3期，第9—12页。

[40] 郭裕新、单公华、杨茂林：《我国枣树的区化栽培》，《中国果树》2002年第4期，第44—51页。

[41] 刘孟军：《国外枣树生产现状、存在问题和建议》，《中国农业科技导报》2000年第15期，第76—79页。

[42] 刘孟军：《韩国枣树的生产现状及主要科研成果》，《河北林果研究》1999年第1期，第4—100页。

[43] 彭锋、左斌：《哈密大枣产业化发展存在的问题及对策》，《新疆林业》2008

年第3期，第13—15页。

[44] 蒋岑等：《干旱区成龄红枣微管技术研究》，《新疆农业科学》2009年第2期，第332—337页。

[45] 吴玉蓉等：《新疆南疆设施冬枣高效栽培技术》，《果树资源学报》2022年第5期，第60—62页。

[46] 袁火霞、范咏梅、楚光明：《新疆南疆枣树香梨优斑螟的发生与防治》，《现代园艺》2019年第20期，第58—59页。

[47] 李新岗等：《影响陕北红枣产量和品质的因子分析》，《西北林学院学报》2004年第4期，第38—42页。

[48] 李新岗、黄建、高文海：《我国制干枣优生区研究》，《果树学报》2005年第6期，第620—625页。

[49] 李登科、牛西午、田建保：《中国枣品种资源图鉴》，中国农业出版社2013年版。

[50] 梅桂兰：《新疆阿克苏地区枣树越冬防寒技术》，《北京农业》2011年第25期，第67—68页。

[51] 马忠龙、高京草、王慧霞：《寒地枣树平茬栽培技术》，《西北园艺》2007年第8期，第17—18页。

[52] 任宗娇等：《政府转移支付对南疆红枣加工企业的效应分析——以红枣国家现代农业产业园为例》，《农业经济》2022年第11期，第175—177页。

[53] 石国强：《新疆兵团红枣产业发展战略研究》，新疆石河子大学2013年硕士学位论文。

[54] 史彦江、宋锋惠：《红枣在新疆的发展前景及对策》，《新疆农业科学》2005年第6期，第418—422页。

[55] 唐敏:《提高新疆阿克苏地区枣树生产效益的几项措施》，《中国果树》2011年第1期，第43—46页。

[56] 王长柱、高京草：《新疆南疆地区枣树生产中存在的几个主要问题》，《科技通讯》2013年第10期，第13—16页。

[57] 岳阳等：《基于GIS的塔里木盆地阿月浑子气候适宜性区划》，《果树学报》
  2013年第5期，第793—797页。

[58] 岳阳等：《基于GIS的塔里木盆地杏气候适宜性区划》，《中国农业大学学
  报》2013年第4期，第59—63页。

[59] 周莉蓉：《阿克苏地区枣主栽品种的生态适应性表现及合理性布局研究》，
  新疆农业大学2009年硕士学位论文。

[60] 周莉蓉等：《阿克苏地区枣栽培合理布局的研究》，《塔里木大学学报》2009
  年第2期，第7—14页。

[61] 朱锐等：《新疆枣树生产的现状与展望》，《黑龙江农业科学》2010年第6
  期，第158—163页。

[62] 张光伦：《果树果实品质的形成与生态因子的作用效应研究》，《中国南方果
  树》1994年第4期，第24—28页。

[63] 张萍等：《南疆灰枣主要营养品质性状的变异及相关性研究》，《果树学
  报》2011年第1期，第77—81页。

[64] 张献辉等：《新疆北疆石河子枣树日光温室促早栽培试验》，《中国果树》
  2012年第1期，第42—44页。

[65] 张山清等：《气候变化对新疆红枣种植气候区划的影响》，《中国生态农业学
  报》2014年第6期，第713—721页。

[66] 张礼春：《风沙对南疆枣树授粉受精及果实发育的影响》，石河子大学2017
  年硕士学位论文。

[67] 张梅等：《基于MaxEnt模型新疆枣潜在适生区预测》，《经济林研究》2020
  年第1期，第152—161页。

[68] 杜许怀：《落地红枣收获机的设计与试验研究》，新疆农业大学2022年硕士
  学位论文。

[69] 刘丹：《南疆不同品种红枣环磷酸腺苷的差异性及浓缩产品的制备》，塔里
  木大学2016年硕士学位论文。

[70] 王宝驹：《南疆地区枣麦农林复合系统根系互作研究》，石河子大学2014年

硕士学位论文。

[71] 刘春、李青:《南疆红枣产业面临的问题及发展对策》,《园艺与种苗》2016年第10期,第39—40,63页。

[72] 李欢:《南疆红枣合作社不同经营模式的技术效率研究》,塔里木大学2022年硕士学位论文。

[73] 早日古力·买买提:《南疆枣树的简化栽培技术》,《农业工程技术》2017年第3期,第57页。

[74] 朱霞等:《南疆红枣种植与机械化现状调研与思考》,《农业机械》2023年第1期,第88—92页。

[75] 刘江:《南疆红枣主产区机械化现状分析及发展对策研究》,塔里木大学2020年硕士学位论文。

[76] 孙菡蔚:《农业信息化在新疆红枣病虫害防治中的应用》,《农机与农艺》2023年第3期,第77—79页。

[77] 刘春:《气候变化背景下红枣种植户的适应性行为研究——以南疆典型区为例》,塔里木大学2017年硕士学位论文。

[78] 胡文军:《若羌县红枣产业发展现状、问题及对策建议》,《新疆农业科技》2018年第2期,第33—35页。

[79] 吴晗彬等:《新疆4个优质红枣品种果实营养成分评价》,《四川农业大学学报》,2023年第4期。

[80] 包艳丽、程红梅、张利召:《新疆红枣产业发展研究》,《农村经济与科技》2022年第1期,第145—152页。

[81] 周丽:《新疆红枣优生区及高效栽培模式研究》,西北农林科技大学2014年硕士学位论文。

[82] 王燕:《新疆南疆规模红枣种植农户经营行为研究》,《农村经济与科技》2016年第18期,第40页。

[83] 马岩、王丽君、石军云:《新疆生产建设兵团退耕还林后续发展的思考》,《中南林业调查规划》2021年第3期,第29—31页。

[84] Zhan R., Xia L., Shao J. et al., "Polysaccharide isolated from Chinese jujube fruit (Zizyphus jujuba cv Junzao) exerts anti-inflammatory effects through MAPK signaling", *Journal of Functional Foods*, 2018, 40: 461-470.

[85] Ding X., Zhu F., Gao S. et al., "Antitumour and immunomodulatory activity of water-extractable and alkali-extractable polysaccharides from solarium nigrum L", *Food Chemistry*. 2012, 2: 131.

后　记

　　枣原产我国,是我国第一大干果树种,在我国栽培历史悠久。枣果含糖量高、营养物质全面丰富,尤其是维生素C含量高,具有很高的营养和医疗保健价值,有补脾和胃、益气生津、解药毒之功效。红枣寓意吉祥,食法多样,用途广泛,深受我国劳动人民的喜爱,丰富多彩的红枣文化已成为我国传统优秀文化的重要组成部分,深深地融进了中华民族的血脉之中。枣树抗旱、耐涝、耐盐碱、耐瘠薄、抗逆性强,适合丘陵山区、沙荒盐碱地种植,是名副其实的"木本粮食"和"铁杆庄稼"。自古以来,我国劳动人民就以枣充饥,尤其是在灾荒年,其他作物可能颗粒无收,而枣树却能旱涝保收,在大灾大荒年之年是人们的救命粮。红枣作为重要的木本粮食树种,还具有"上山下滩,不与粮棉争地"的发展优势。在当前我国十分重视国家粮食安全的大局下,大力发展红枣产业显得尤为重要,它不仅能丰富人们的饮食生活,提高农民收入,改善生态环境,还为国家粮食安全提供战略保障。

　　"世界红枣看中国,中国红枣看南疆。"这一句话充分彰显了南疆红枣产业在我国乃至世界不可替代的重要地位。南疆红枣产业发展是21世纪初我国林果业发展史上的一件大事,其发展规模之大、速度之快、成绩之显著历史罕见,创造了我国乃至世界林果发展史上的奇迹。20年前,在红枣产业中名不见经传的南疆,现如今成为我国乃至世界面积最大、产量最高、品质最优的红枣栽培中心之一。2006—2011年,南疆红枣面积每年以百万亩速度扩增,经过短短的五六年,南疆的红枣面积和产量跃居全国第一,超越了传统红枣生产大省上千年的发展历程。在发展鼎盛时期,南疆各县市普遍种植,面积超过800万亩,产量超过380万吨,直接产值超过400亿元。枣树成了南疆农民的"摇钱树",红枣产业成了南疆脱贫致富的支柱产业。自2016年开始,新疆红枣产业发展进入"供大于求"拐点阶段，价格开始下滑，红枣面积开始萎缩，枣农收入不断减少，红枣产业面临一系列问题。如何重振南疆红枣产业，进一步提高枣农收入，巩固产业扶贫成果，持续发展壮大南疆红枣产业，已成为迫切需要解决的问题。本书的编写目的是梳理南疆乃至我国红枣产业发展的历史和现状，总结南疆红枣产业取得的成功经验，重点分析当前红枣生产、加工、销售等环节存在的主要问题，并提出解决这些问题的建议和对策。这对重振南疆红枣产业、巩固南疆红枣产业在全国市场的主导地位、推动南疆红枣产业持续健康发展具有重要意义，对提高南疆农民收入、增进民族团结、巩固拓展脱贫攻坚成果、促进产业兴旺、实现乡村振兴、维护边疆稳定、改善生态环境、建设美丽南疆具有十分重要的意义。

本书各章撰写人员如下：

第一章：毛永民（河北农业大学中国枣研究中心研究员）、王晓玲（河北农业大学中国枣研究中心副研究员）。

第二章：毛永民（河北农业大学中国枣研究中心研究员）、郝庆（新疆农业科学院园艺作物研究所研究员）、樊丁宇（新疆农业科学院园艺作物研究所研究员）。

第三章：郝庆（新疆农业科学院园艺作物研究所研究员）、王晓玲（河北农业大学中国枣研究中心副研究员）、李新岗（西北农林科技大学林学院教授）、樊丁宇（新疆农业科学院园艺作物研究所研究员）、张琼（山东省果树研究所副研究员）、周广芳（山东省果树研究所研究员）、李登科（山西农业大学果树研究所研究员）、王永康（山西农业大学果树研究所研究员）、高文海（西北农林科技大学林学院研究员）、卢绍辉（河南省林业科学研究院研究员）、马俊青（河南省林业科学研究院工程师）、潘青华（北京市农林科学院林业果树研究所研究员）、王雨（巴州林果业科学技术研究推广中心正高级工程师）、毛永民（河北农业大学中国枣研究中心研究员）。

第四章：徐怀德（西北农林科技大学食品科学与工程学院研究员）、乐小凤（西北农林科技大学食品科学与工程学院助理研究员）、王军（西北农林科技大学食品科学与工程学院副教授）。

第五章：毛永民（河北农业大学中国枣研究中心研究员）、王晓玲（河北农业大学中国枣研究中心副研究员）、申连英（河北农业大学中国枣研究中心研究员）、郝庆（新疆农业科学院园艺作物研究所研究员）。

第六章：郝庆（新疆农业科学院园艺作物研究所研究员）、毛永民（河北农业大学中国枣研究中心研究员）。

第七章：王俊芹（河北农业大学经济管理学院教授）、王妮娜（河北农业大学经济管理学院硕士研究生）、樊征征（河北农业大学经济管理学院硕士研究生）。

第八章：毛永民（河北农业大学中国枣研究中心研究员）、郝庆（新疆农业科学院园艺作物研究所研究员）、卢绍辉（河南省林业科学研究院研究员）、王晓玲（河北农业大学中国枣研究中心副研究员）、申连英（河北农业大学中国枣研究中心研究员）、王雨（巴州林果业科学技术研究推广中心 正高级工程师）。

本书在撰写过程中，朱大洲（农业农村部食物与营养发展研究所科技处研究员）、沈世华（中国科学院植物研究所研究员）、罗晓林（四川省草原科学研究院研究员）、谢鹏（中国农业科学院北京畜牧兽医研究所副研究员）给予相关指导。本书由编委会主任刘永富审核。此外中国出版集团及研究出版社也对本书给予了高度的重视和热情的支持，为本书的出版付出了大量的精力和心血。在此向各位领导、各位评审专家，以及所有为本书编写出版给予帮助的人表示感谢！由于时间紧、任务重、资料有限，本书难免有错误和不妥之处，真诚欢迎专家学者和广大读者批评指正。

本书编写组
2023年6月